Hermann Franz

Deutschlands Getreideverkehr mit dem Auslande

vor dem Forum der Kritik, eine populäre Studie über das tägliche Brot

Hermann Franz

Deutschlands Getreideverkehr mit dem Auslande
vor dem Forum der Kritik, eine populäre Studie über das tägliche Brot

ISBN/EAN: 9783743341234

Hergestellt in Europa, USA, Kanada, Australien, Japan

Cover: Foto ©ninafisch / pixelio.de

Manufactured and distributed by brebook publishing software (www.brebook.com)

Hermann Franz

Deutschlands Getreideverkehr mit dem Auslande

verfaßte Schrift

Deutschlands Getreideverkehr

mit dem Auslande

vor dem Forum der Kritik.

Eine

populäre Studie über das tägliche Brod

von

Dr. Hermann Franz,

Secretair der Großh. Sächs. landwirthschaftlichen Centralstelle
in Weimar.

Zweite Auflage.

Berlin.

Verlag von Julius Springer.

1879.

Keine andere Frage ist geeignet, das Interesse aller denkenden Menschen in so unmittelbarer Weise zu berühren, wie die Frage der Beschaffung der nothwendigsten Nahrungs- und Lebensmittel für den Einzelnen oder für eine Nation. Um das „tägliche Brod" und was man im engeren Sinne darunter begreift, dreht sich in erster Linie der Fleiß der Menschen, um seinetwillen bekämpfen und bekämpften sich zu allen Zeiten die Menschen und die Völker. Denn was Anderes ist unter den mächtigen Nationen wie unter den einzelnen Stämmen unkultivirter Völker der Eifersucht, was des Hasses letzte Triebfeder, was des Machtbedürfnisses letzter Grund, was läßt uns Zoll- und Handelskriege führen, Anderes, als das Streben nach nationalem Wohlergehen, welches sich nur auf der breiten Grundlage einer gesicherten Lebensmittelversorgung für Alle aufbauen kann? So lange nun eine Nation so viele Nahrungs- und Verbrauchsmittel innerlandes erzeugen kann, als sie nothwendig selbst konsumirt, ist es wohlbestellt; ernste innere Schwierigkeiten können nur aus der Thorheit der Menschen resultiren. Die natürlichen Hilfsquellen des Landes und die Produkte seiner Schaffenskraft werden einem solchen Volke im Handelsverkehr mit anderen Ländern die Möglichkeit bereiten, manchen der größeren Annehmlichkeit dienenden Gegenstand vom Auslande kaufen zu können und bei weiser Wirthschaftsführung sich noch Ersparnisse anzusammeln, welche zu neuen Quellen wachsenden Wohlstandes werden können. Schwieriger wird die Sache, sobald die Bevölkerung eine solche Dichtigkeit erlangt hat, daß die Produkte des einheimischen Landbaues nicht mehr genügen, um für Alle die nothwendigen Nahrungsmittel zu schaffen. Von jetzt müßte der übrige Erwerbsfleiß in der Lage sein, soviel Geld vom Auslande zu erlösen oder hereinzuziehen, um nicht blos die Tauschartikel, an welche sich das eigene Volk durch Kultur und Wohlstand gewöhnt hat, dagegen zu kaufen, sondern auch noch das fehlende Brod zu bezahlen und wir werden später sehen, mit welchem bedeutenden Gewicht dies in die Waage fällt.

Warum sollte nun dieser interessante Fall, Brod vom Ausland kaufen zu müssen, in dem sich die deutsche Nation erst seit der neuesten Zeit angeblich befindet, nicht das Denken der Denkenden beschäftigen und doppelt beschäftigen, wenn dieser Fall gerade mit den Erscheinungen einer Krisis zusammentrifft, wie eine solche allgemeiner, herber und andauernder kaum jemals empfunden worden ist? Steht die allgemeine Krisis mit der Thatsache, daß wir Brod kaufen müssen, in einem ursächlichen Zusammenhang; ist die deutsche Erwerbskraft im Stande, soviele Werthe im Auslande zu realisiren, soviel Geld oder sonst bleibende Werthe in's Land hereinzuziehen, um neben allen andern Tauschartikeln für den Verbrauch auch noch das fehlende Brod vom Auslande zu erwerben, dauernd zu erwerben, und wird sie bei einer rapiden Bevölkerungszunahme auch noch in Zukunft dazu in der Lage sein?

Diese inhaltsschweren Fragen vollgiltig zu beantworten, besitzen wir leider nur sehr mangelhafte Unterlagen. Mit einem erstaunlichen Leichtsinn hört man überwiegend Gelehrte und Nichtgelehrte aller Stände und aller Berufsarten über die Universalmittel, die allgemeine Krankheit zu kuriren, sprechen und schreiben. Gar vielen Zeitungsschreibern und politischen Machern aller Farben ist „die Krisis" ein glücklich gefundenes Terrain ihr Rößlein zu tummeln, auf dem es für jede Meinung so reichliche, wenn auch natürlich ihrem Werthe nach nicht wägbare Gründe giebt, daß man die Spalten mit deren immer Neuen zu füllen weiß, und für die verschiedenen Separatinteressen ist sie das trübe Wasser, aus welchem ein Jeder seinen Fischzug zu machen gedenkt. Ein Streben aber nach objektiver Kritik findet man leider in den Fluthen gesprochener und gedruckter Erörterungen nur höchst vereinzelt, und was man an ernster Wahrheit hört, verschwimmt in dem Lärm sich in allen Tonfarben wiederholender Phrasen oder abgerissener und geräuschvoll aufgebauschter Gedanken und Effecte, die sich wesentlich in den beiden, die Extreme bezeichnenden Schlagwörtern „Freihandel" und „Schutzzoll" zuspitzen. So sehen wir uns denn dahin gebracht, daß die Erörterungen über die Krisis fast nur noch den Kampf um diese beiden Prinzipien bedeuten, und dieser wird mit einer Lebhaftigkeit geführt, welche weiter nichts zu wünschen übrig läßt, als daß sie von einem gleichen Maß ernster Kritik und innerer Wahrhaftigkeit getragen wäre. Denn schon ist es keine bloße Befürchtung mehr, sondern zur bitteren Wahrheit geworden, daß der Kampf um die Prinzipien in den Kampf der verschiedenen Interessen gegeneinander übergegangen ist, weit entfernt, der Mehrzahl der enger Betheiligten einen ungetrübten Blick noch zu gestatten. Wenn somit der gegenwärtige akute Charakter dieses Interessenkampfes mit Recht als ein Ausfluß der allgemeinen Krisis zu bezeichnen ist, diese aber doch die Nahrungs= und Lebensmittelfrage ihrerseits auf das Engste berührt, ja vielleicht auch theilweise von ihr beherrscht wird, so konnte kaum was Anderes geeignet sein, ein gleich allgemeines Interesse hervorzurufen als das Erscheinen einer vom Verein zur Förderung der Handelsfreiheit als I. Heft „freihändlerischer Blätter" ausgegebenen anonymen Schrift „Deutschlands Getreideverkehr mit dem Auslande", als deren Verfasser von der Presse beharrlich der Staatsminister a. D. und Reichstagsabgeordnete Delbrück genannt wird, und welche nachzuweisen sucht, daß die Einführung von Getreidezöllen für die Nation und speziell auch für die deutsche Landwirthschaft ein Unglück sein würde. Ob das extrem freihändlerische Prinzip auf Schein oder auf Wahrheit beruht, ob es eine fata morgana ist, oder ein auf festem Grund gebautes Zukunftsbild uns zeigt, kann hier nicht Gegenstand einer Untersuchung sein; jedenfalls aber konnte, um dasselbe populär zu machen, vom „Verein zur Förderung der Handelsfreiheit" keine gleich packende Einleitung seiner mit diesem „Heft I" angekündigten Agitation getroffen werden, als indem er eine Schrift herausgiebt, mittelst welcher man die Schrecknisse der Brodvertheuerung und den hohläugigen Hunger in möglichst gruseliger Gruppirung und Beleuch=

tung über die Häupter der aufgescheuchten Menschen ziehen läßt und gleichzeitig als den Verfasser dieses Werkes einen Mann nennt, mit dessen Namen alle Welt sich gewöhnt hat, die Begriffe der maßgebendsten Sachkenntniß und einer unnahbaren staatsmännischen Begabung unwillkürlich zu verbinden.

Je geschickter dieser Zug ist und einen je durchschlagenderen Eindruck auf das Volk man ihm daher beimessen muß, desto mehr wird es zur Pflicht eines Jeden, der die Wahrheit sucht, die betreffende literarische Erscheinung sich einmal frei von jeder Voraussetzung und Autorität zu denken, sich vom bloßen guten Glauben los zu machen und den Maßstab einer sachgemäßen Kritik an dieselbe zu legen. Verfasser dieser Zeilen möchte, nach dem Studium des Schriftchens, fast noch weiter gehen und die Richtigkeit des on dit bezüglich ihres Verfassers in lebhafte Zweifel ziehen, da es sich schwer denken läßt, daß eine Leistung, die weit entfernt ist, sich auf das Niveau einer sachgetreuen Darstellung zu erheben oder welcher man anders den Vorwurf der gröbsten Unkenntniß von den Mängeln der Statistik sowie von den physiologischen Vorgängen im Volkskörper kaum ersparen könnte, das eigenste Werk eines Mannes von staatsmännischen und wissenschaftlichen Qualitäten sei. Auch schon der Umstand, daß die Brochüre herausgegeben ist vom „Verein zur Förderung der Handelsfreiheit" und als I. Heft „freihändlerischer Blätter", kennzeichnet dieselbe als den Ausfluß einer ausgesprochenen Parteirichtung und giebt uns darum allein schon Grund zu dem angedeuteten Zweifel.

Unternimmt es nun Verfasser dieser Zeilen, im Nachfolgenden dieses vorausgeschickte Totalurtheil über die Schrift zu begründen und in seine wesentlichen Details zu zerlegen, so kann er nicht unterlassen, noch zu bemerken, daß er die allgemeine Frage, ob es der Wohlfahrt der Nation förderlicher sei, das deutsche Reich mit einem Schutzzollsystem zu umgeben oder bei dem extremen Freihandel zu bleiben oder endlich aber eine geeignete Mittelstraße zu suchen, in diesem Augenblick noch für durchaus nicht reif genug hält, um irgend eine Entscheidung hinlänglich begründen zu können, so lange nicht das umfassendste brauchbarere statistische Material über Ein- und Ausfuhr aller Artikel und ihrer Werthe vorliegt, um eine zuverlässige Handelsbilanz konstruiren und in ihre wesentlichen Einzelheiten verfolgen zu können. Gründe pro et contra kennen wir die Fülle; was uns zu wissen fehlt, ist die Größe des Werthes eines jeden einzelnen Faktors. Es ist schon gesagt worden, nach Prinzipien ließen sich derartige Fragen nicht entscheiden. Diese Auffassung ist nicht korrekt. Wer sich ernst mit Fragen der Wohlfahrt eines Volkes beschäftigt, wird Leitprinzipien haben oder sich herausbilden müssen, die auf dem Studium der Geschichte des Völkerlebens und auf dem der gegenwärtigen Thatsachen beruhen; er wird aber nicht vergessen dürfen, daß das oberste aller Prinzipien, welchem alle andern sich ein- und unterzuordnen haben, das ist, in der praktischen Anwendung jederzeit gegebenen Verhältnissen und gewonnenen Erkenntnissen Rechnung zu tragen. Wenn wir einen Weg als den allein richtigen glauben erkannt zu haben, ein gewisses fernes Ziel zu erreichen, so ist es unser Princip, nicht einen anderen Weg zu gehen. Sehen wir aber, indem wir den unsern ziehen, daß überfluthende Wasser oder andere Ereignisse ihn ungangbar oder lebensgefährlich gemacht, so wäre es thöricht, nicht einen Umweg zu machen, um jenseits der Hindernisse wieder auf den rechten Weg zu gelangen. Ja, in einer wildfremden Gegend — und das ist unsere ganze Handelstheorie, so lange wir keine zuverlässigen Karten zur Orientirung besitzen — kann es sich ganz wohl ereignen, daß wir uns durch die unfreiwillige Abschweifung überzeugen, vorher nach falscher Richtung gegangen zu sein, und dann entspricht es dem obersten aller Prinzipien, uns zu korrigiren.

Nach dieser Vorausschickung glaubt Verfasser des Gegenwärtigen ferner dem Bekenntniß einen positiven Ausdruck geben zu sollen, daß er nach seiner subjectiven Anschauung auf dem Boden des Prinzips des nach Zeit und Umständen zu moderirenden Freihandels steht. Derselbe weiß sich mit dem Gedanken einer allgemeinen und grundsätzlichen Zollabsperrung zum Zweck, die einzelnen Erwerbsgebiete zu „schützen", nicht abzufinden, muß aber doch hinzufügen:

a) daß seine Stellung speciell zur Frage der Getreidezölle eine positive ist in dem Augenblick, wo es feststehen sollte, daß ein mehr oder minder einschneidendes Zollsystem überhaupt zur Wahrheit werden soll;

b) daß die Frage über Getreidezölle von durchaus anderen volkswirthschaftlichen Gesichtspunkten mitbeherrscht wird, wie die ganze übrige Zollfrage, und daß diese mitbestimmenden Gesichtspunkte unter Umständen überhaupt zur entscheidenden Bedeutung gelangen können.

Die „Deutschlands Getreideverkehr" betitelte Schrift selbst ist nach ihrem wesentlichen Inhalt durch zahlreiche Verbreitung sowie durch die Wiedergaben der Tagespresse hinlänglich bekannt, um eine systematische Wiederholung ihrer Kernsätze überflüssig zu machen; es genügt, gleich im Einzelnen auf das Material einzugehen.

I.

In erster Linie sucht die Schrift unter Benutzung eines größeren statistischen Zahlenmaterials nachzuweisen, daß die deutsche Landwirthschaft nicht mehr im Stande sei, den gesteigerten Bedarf an Nahrungsmitteln zu erzeugen und verfehlt dabei nicht, einige einleitende Erörterungen über die Brauchbarkeit dieser statistischen Nachweise anzustellen, welche allerdings jedem, der sich nicht schon selbst mit der Frage der Brauchbarkeit solcher Zahlen enger beschäftigt hat, den Eindruck sorgfältiger Wissenschaftlichkeit machen, welche aber den Kern dieser Frage, der Brauchbarkeit, vollkommen unberührt lassen, und somit diese erste Schwäche nur karg verdecken. Aus den Tabellen der deutschen Handelsstatistik wird berechnet, daß der Verkehr des deutschen Zollgebietes mit dem Auslande in Getreide und Mehl in den Jahren 1838/42 durchschnittlich pro Jahr 14 182 000 Ctr., von 1873/77 aber durch=

schnittlich 71 428 000 Ctr. betrug und daß in dem ersten dieser Zeiträume im Durchschnitt 7 330 000 Ctr. mehr aus- als eingeführt, in dem letzten aber umgekehrt durchschnittlich die enorme Summe von 27 288 000 Ctr. mehr ein- als ausgeführt worden sei. Mit anderen Worten: die deutsche Nation bedarf heute rund 27 Millionen Ctr. mehr als im Lande selbst erzeugt wird.

Was nun die praktische Brauchbarkeit dieser Zahlen anlangt, sagt die Schrift auf Seite 1 u. f.:

„Soweit es (Getreide) auf Landwegen ein- oder ausgeht, wird es sich allerdings vielfach der Anschreibung entziehen; dieser Mangel ist indeß nicht allzuhoch anzuschlagen, denn einmal kann eine Betrachtung, welche viele Millionen Centner zum Gegenstand hat, über Ungenauigkeiten selbst von vielen Tausend Centnern hinwegsehen, sodann und hauptsächlich aber darf unterstellt werden, daß die bei der Ausfuhr nicht angeschriebenen Mengen wenigstens nicht viel größer sind, als die bei der Einfuhr nicht notirten, daß also das Verhältniß der Einfuhr zur Ausfuhr von der Handelsstatistik richtig dargestellt wird."

Wollen wir nun versuchen, vor allen Dingen diesen Schlußsatz näher auf seine Richtigkeit zu prüfen. Einiges Material zur Beurtheilung giebt uns die Schrift schon selbst an die Hand, wenn man sich die Mühe nimmt (wie es zuerst Major a. D. v. Helldorf in einem unlängst zu Jena über die Schrift erstatteten Referat gethan), die von 1838 bis 1877 nach fünfjährigen Zeiträumen geordneten, jedoch nach Fruchtarten getrennt aufgeführten Aus- und Einfuhrgrößen nach Fruchtarten zusammenzustellen und dann nach Zeiträumen geordnet zu betrachten. Daß dies in der Schrift nicht gleich geschehen, statt dessen vielmehr der ganze Zahlenballast hereingezogen wurde, muß als ein entschiedener Mangel bezeichnet werden, denn die ganze Sache verliert ja durch die Auseinanderschreibung so sehr alle Uebersichtlichkeit, daß man nur mit Hilfe einer umständlichen Zusammenstellung im Stande ist, sich ein zutreffendes Bild zu machen.

Ueberſichtliche Zuſammenſtellung der Mehrausfuhr und Mehreinfuhr des deutſchen Zollgebietes geordnet nach Fruchtarten und fünfjährigen Zeiträumen während der Zeit von 1838 bis 1877.

(Zahlen um drei Stellen reducirt.)

	I. 1838/42		II. 1843/47		III. 1848/52		IV. 1853/57		V. 1858/62		VI. 1863/67		VII. 1868/72		VIII. 1873/77	
	Mehr-Ausf.	Einf.	Mehr-Ausf.	Einf.	Mehr-Ausf.	Einf.	Mehr-Ausf.	Einf.	Mehr-Ausf.	Einf.	Mehr-Ausf.	Einf.	Mehr-Ausf.	Einf.	Mehr-Ausf.	Einf.
Weizen	5404	—	3227	—	5440	—	5625	—	3795	—	3927	—	2936	—	—	1779
Roggen	954	—	—	1522	202	—	—	1727	—	3382	—	3134	—	6026	—	15974
Mehl	180	—	107	—	110	—	137	—	337	—	459	—	130	—	—	140
Gerſte	439	—	212	—	1214	—	758	—	834	—	609	—	—	871	—	4247
Hafer	351	—	168	—	512	—	388	—	—	47	329	—	—	215	—	5148
Summa aller Gattungen	7328	—	3607	1629	7478	—	6908	1727	4966	3429	5324	3134	3066	7112	—	27288
Bilanz (ausgeſchrieben) . . .	7,328000 —		1,978000 —		7,478000 —		5,181000 —		1,537000 —		2,190000 —		—4,046000		—27,288000	
Rund ausgebildet	+7½ Mill.		+2 Mill.		+7½ Mill.		+5⅙ Mill.		+1½ Mill.		+2⅙ Mill.		—4 Mill.		—27½ Mill.	

Auf diese Weise die Zahlen wieder gesammelt, eröffnet sich uns ein höchst interessanter Einblick in die Entwickelung der Aus- und Einfuhrstatistik, die offenbar dem Verfasser der Schrift entgangen sein muß; denn er sagt Seite 10:

„Der Rückblick auf die vorstehend in ihren charakteristischen Zügen geschilderte Verkehrsentwickelung zeigt bei jedem einzelnen Gegenstande dieses Verkehrs die Wiederholung derselben Erscheinung. Das anfängliche Uebergewicht des Ausganges nimmt allmälig ab und schlägt, nachdem die Waage eine Zeitlang zwischen Eingang und Ausgang geschwankt hat, in das Uebergewicht des Eingangs um. Verschieden sind nur die Zeitabschnitte, in welchen sich diese Erscheinung bei den einzelnen Getreidearten vollendet. Bei dem Roggen liegt das Uebergewicht des Ausgangs schon jenseits des vierzigjährigen Zeitraums, mit dem Beginn desselben fängt die Periode des Schwankens an und bereits mit dem Jahre 1852 ist der Umschlag zu Gunsten des Eingangs vollzogen. Bei der Gerste gewinnt, nach kurzem Schwanken, mit dem Jahre 1870, beim Hafer nach längerem Schwanken mit dem Jahre 1872 der Eingang das Uebergewicht. Bei Weizen und Mehl ist die Periode des Schwankens vielleicht noch nicht abgeschlossen."

Einzuwenden ist gegen diese Sätze im Einzelnen nicht viel, allein einer höchst wichtigen Ergänzung ist die Darstellung bedürftig; einer Ergänzung, durch welche das Bild um ein überaus wesentliches und lehrreiches Moment bereichert wird. Ein Blick auf unsere, die Getreidearten wieder zusammenfassende Tabelle zeigt schlagender als es bei der einzelnen Getreidegattung zu Tage tritt, daß es nicht zulässig ist, zu behaupten, die Differenz zwischen der Mehrausfuhr von rund 7 Millionen Centnern in der ersten fünfjährigen Periode und der Mehreinfuhr von 27 Millionen Centnern in der letzten Periode sei das Resultat einer „allmäligen" Umgestaltung des Getreideverkehrs, wobei die anfängliche Mehrausfuhr sich allmälig und nach längerem oder kürzerem Schwanken der Waage in die Mehreinfuhr verwandele. Uebersichtlich zusammengestellt ergiebt sich:

	im Durchschnitt der Jahre			
Periode	von			
I.	1838/42	Mehrausfuhr rund	$7\frac{1}{3}$	Millionen Centner
II.	1843/47	" "	2	" "
III.	1848/52	" "	$7\frac{1}{2}$	" "
IV.	1853/57	" "	$5\frac{1}{5}$	" "
V.	1858/62	" "	$1\frac{1}{2}$	" "
VI.	1863/67	" "	$2\frac{1}{5}$	" "
VII.	1868/72	Mehreinfuhr	4	Millionen Centner
VIII.	1873/77	"	27	" "

Hier irgendwie von „allmäliger" Umgestaltung zu sprechen, ist doch zum Mindesten sehr willkürlich, was noch einleuchtender wird, wenn man nicht vergessen will, daß es sich bei diesen Zahlen nicht um die Aus= und Einfuhr einzelner Jahre handelt, sondern schon um Durchschnittsgrößen fünfjähriger Zeiträume, wo also ein gewisser Ausgleich der Schwankungen der einzelnen Jahreserndten und Jahresbilanz schon hergestellt ist. Das Exempel würde noch auffallender erscheinen, wollten wir uns einen Augen= blick erinnern, daß die verhältnißmäßig stark erscheinende Ausfuhr des Decenniums 1848/57 offenbar die Folge einer, noch Jeder= mann im Gedächtniß stehenden Reihe sehr guter Ernten in den fünfziger Jahren ist. In dem Cinquinnium 1863/67 beträgt die Mehrausfuhr noch mehr als in dem Zeitraum 1843/47, also vor genau zwanzig Jahren. Bis zum Jahre 1867 einschließlich haben wir nur Mehrausfuhr verzeichnet, und plötzlich mit dem Zeitraum ab 1868 tritt eine sehr bedeutende Mehreinfuhr ein, deren Auftreten uns auf den ersten Blick um so räthselhafter erscheinen muß, wenn wir uns aus den gegebenen Zahlen über= zeugen wollen, daß die größte Differenz, welche innerhalb des dreißigjährigen Zeitraums von 1838 bis 1867 überhaupt zu verzeichnen ist, d. h. die Differenz der Extreme (Zeiträume V. und III.) nicht mehr als sechs Millionen Centner beträgt, die Differenz aber zwischen dem VI. Zeitraum — welcher durchaus nicht die niedrigste Mehrausfuhr innerhalb 35 Jahren aufweist, mithin auch nicht, wie dort, ein Extrem bezeichnet — die Differenz also dieses Zeitraums mit dem VII. gerade ebensoviel beträgt und schon gleich mit dem nächsten Zeitraum 1873/77 auf die enorme Höhe von gegen dreißig Millionen Centner steigt. Dieses Räthsel einer so plötzlichen gewaltigen Steigerung des „Bedarfs" kann unmöglich aus der Steigerung der Bevölkerungsziffer, wie die Schrift es thun möchte, erklärt werden und erscheint noch auffallender, wenn man erwägt, daß die neu zum Zollverein getretenen Gebietstheile nach den Ausführungen der Schrift selbst (Vergl. S. 10 u. f.) durchweg, mit Ausnahme des kleinen Luxemburg, mehr Getreide auf den Kopf der Bevölkerung erzeugen, als das alte Zollvereinsgebiet. Auch die übrigen in der Schrift aufgeführten Faktoren, aus denen sich die Umgestaltung construirt, können nichts zur Erklärung dieser Erscheinung beitragen, da es sich dabei nur um Dinge handelt, welche sich allmälig im Laufe der Zeit entwickeln und gestalten.

Um in dieser wichtigen Nachweisung keine wesentliche Lücke zu lassen, ist nunmehr darauf zurückzukommen, daß, was hier im Ganzen dargelegt ist, auch seine Anwendung auf die einzelne Getreideart behält. Bei Betrachtung der Bewegung des Verkehrs im Einzelnen tritt es nur weniger leicht in das Auge. Was die Schrift sagt:

„Das anfängliche Uebergewicht des Ausganges nimmt allmälig ab und schlägt, nachdem die Wage eine Zeitlang geschwankt hat, in das Uebergewicht des Einganges um. Verschieden sind nur die Zeitabschnitte, in welchen sich diese Erscheinung bei den einzelnen Getreidearten vollendet."

ist — stünde es in einem Handbuch der Volkswirthschaft — offenbar sogar mehr als eine bloße Wahrheit, welche durch zuverlässige Zahlen jederzeit bestätigt werden müßte, sondern man wird es in Anwendung auf ein in fortwährender Bevölkerungszunahme begriffenes Ländergebiet Wort für Wort als naturgesetzlich bezeichnen müssen.

Desto bemerkenswerther ist es, daß die hier in Rede stehenden Zahlenzusammenstellungen der Brochüre von diesem Naturgesetze nicht bestätigt werden!

Namentlich auf das Wort „allmälig" passen dieselben weder im Ganzen noch in Anwendung auf die einzelnen Getreidearten, sobald man die doch unanfechtbare Consequenz zieht, daß „allmälig", wie die Ausfuhr abgenommen, nach Ueberwindung der Periode der Schwankung auch „allmälig" die Größe der Einfuhr steigen müsse. Bei allen Fruchtarten, allenfalls mit Ausnahme des Weizens, tritt nämlich nach den Zahlen der Schrift mit der Periode von 1868 ab ein plötzlicher, auffallender Ruck ein, welcher mit der Annahme eines natürlichen Verlaufs der Verkehrsbewegung, ebenso wie mit dem gezogenen Resumé im unlösbaren Widerspruch steht.

Beim Roggen, der Hauptfrucht, bewegt sich die Effectiveinfuhr von 1843 bis 1867 zwischen 1½ und 3 Millionen Ctr., steigt aber von hier ab plötzlich auf 6 Millionen und dann auf 15 Millionen Ctr.

Bei Mehl steigert sich die Effectivausfuhr in den vier Zeiträumen von 1843 bis 1867 von minus 107 000 allmälig auf plus 110=, 137=, 337=, 459 tausend Ctr., sinkt plötzlich von 1868 ab wieder auf plus 130 000 und dann auf minus 140 000 Ctr.

Bei Gerste drückt sich die Bewegung der Effectivausfuhr von 1838 bis 1867 aus in den Zahlen: plus 439=, 212=, 1214=, 758=, 834=, 609 tausend und sinkt 1868 plötzlich auf minus 871 tausend und dann auf minus 4 247 000 Ctr.

Bei Hafer ist der Verlauf der Effectivausfuhr: plus 351=, 168=, 512=, 388 tausend, dann minus 47 tausend und wiederum plus 329 tausend. Plötzlich mit 1868 tritt der Umschwung ein auf minus 215 tausend und dann auf minus 5 148 000 Ctr.

Wie es möglich ist, hier von einem „allmäligen" Uebergang zu sprechen und solche Erscheinungen aus dem Verlauf der Bevölkerungszunahme zu erklären und endlich daraus den Beweis zu construiren, wie sehr wir des Auslandes und der Handelsthätigkeit bedürftig, um unsern Brodbedarf zu decken, dürfte jedem Unbefangenen ein Räthsel bleiben.

Es dürfte schwer sein, den letzten Ursachen der abnormen Er=

scheinung eines so plötzlichen und gewaltigen Ruckes in erschöpfender Weise nachzukommen; für den Statistiker und Volkswirth genügt aber die Erscheinung an sich, sich zu sagen, daß sie auf Unregelmäßigkeiten beruhen muß, welche die Brauchbarkeit der Zahlen geradezu annulliren. Denn wenn es auch durchaus zutreffend ist, was die in Rede stehende Schrift sagt: „es kann eine Betrachtung, welche viele Millionen Centner zum Gegenstande hat, über Ungenauigkeiten selbst von vielen Tausend Centnern hinwegsehen", so sieht doch Jedermann sofort ein, daß es sich hier eben thatsächlich um Ungenauigkeiten von „vielen Millionen" Centnern handelt und daß es ein verantwortungsvolles Wagniß ist, diese Zahlen dem deutschen Publikum als baare Münze darzubieten, um aus der erschrecklichen Gestalt der „27 Millionen Centner Mehreinfuhr" für irgend eine beliebige Richtung Kapital zu schlagen. Ob irgend ein volkswirthschaftliches Theorem sich dereinst als richtig oder als falsch erweisen wird, ist dabei ganz gleichgültig,; immer ist es unstatthaft, in einer Zeit und unter Verhältnissen, wo man nach Klarheit ringt und wir mehr denn je des Lichts bedürftig sind, offenbare Unrichtigkeiten von so eminenter Größe mit einer cavalieren Darstellung ihres Charakters plattweg und ohne Rektifikation in den Kreis einer sogenannten „Untersuchung" zu ziehen.

Oder wollte trotz aller Unvereinbarkeit mit dem naturgesetzlichen Verlauf der Handels- und Bevölkerungsbewegung dennoch die annähernde Richtigkeit der „27 Millionen Centner" behauptet werden? Niemand geringer als der Direktor des Kgl. preuß. statistischen Bureaus in Berlin, der Geheimrath Engel, überhebt uns eines weiteren Eingehens auf diese Frage. In einer Arbeit im Heft III und IV des Jahrganges 1878 der Zeitschrift des kgl. statistischen Bureaus: „Vorläufige Ergebnisse der im Jahre 1878 vorgenommenen Ermittelung der landwirthschaftlichen Bodenbenutzung ec. ec." sagt derselbe u. A. in einer Betrachtung über Ein- und Ausfuhr von Getreide u. s. w. wörtlich:

„Freilich verwahrt sich das Kaiserl. statistische Amt, welches die Zoll- und Ein- und Ausfuhrstatistik bearbeitet, entschieden dagegen, daß namentlich auf die Ausfuhrzahlen ein großes Gewicht gelegt werde, weil bei der gegenwärtigen Methode der Anschreibung nicht declarations- und zollpflichtiger Artikel weder eine Gewähr für vollständige noch für richtige Anmeldung und Anschreibung gegeben sei. Es hält dafür, daß die wirkliche Ausfuhr die angeschriebene Waare bei Weitem übersteigt."

Dazu kommt aber noch, daß selbst in der Einbuchung der wirklich zur Ein- oder Ausfuhr angemeldeten Waaren durchgreifende Fehlerquellen liegen; denn in derselben schätzenswerthen, wirklich unparteiisch nach Wahrheit suchenden Arbeit ist an anderer Stelle gesagt:

„Die Bezeichnung Ostsee ist freilich eine sehr unbestimmte, denn z. B. in Stettin eingeführtes Getreide kann ebensowohl russisches als amerikanisches, aber auch deutsches, selbst preußisches sein; dasselbe gilt von Hamburg und zum Theil wohl auch von Bremen, obschon hier mehr für amerikanischen Ursprung spricht."

Hält man nun beides zusammen:

1. daß fast willkürliche Mengen von Getreide bei der Ein- und Ausfuhr, namentlich aber bei der letzteren, nach einem so maßgebenden Urtheil sich der Anschreibung ganz und gar entziehen können und in Massen entziehen, deren Größe auch nur annähernd zu bestimmen, zur Zeit keine Handhaben gegeben sind,
2. daß das in den Ostseehäfen und zum Theil in Hamburg und Bremen als „Einfuhr", wirklich gebuchte Getreide ebensowohl deutsches wie auch fremdes sein kann:

was bleibt dann noch Wahres und Körperliches an dem Gespenste der 27 Millionen; von welchem Werthe erscheint uns dann die ganze uns beschäftigende Schrift, die auf den Vordersatz gebaut ist, das Getreide könne „da seine Beförderung in ganzen Schiffs- und Wagenladungen zu erfolgen pflege, der vollständigen Anschreibung nicht wohl entgehen?" Nach Angaben der Schrift selbst beläuft sich die Summe des (wirklich angeschriebenen) Gesammtverkehrs auf rund 71 Millionen Centner; das heißt also auf 22 Millionen Ctr. Ausfuhr und 49 Millionen Ctr. Einfuhr. Wenn aber 22 Millionen Ctr. als Ausfuhr angeschrieben sind, aber nach Engel „bei der gegenwärtigen Methode ꝛc. weder eine Gewähr für vollständige noch für richtige Anschreibung" gegeben ist, so läßt sich leicht denken, daß bei dem zweifellosen Bestreben des Handels, sich nicht in die Karten sehen zu lassen, sich sehr erhebliche Mengen der Controle entziehen, und jedenfalls wird es dem Direktor des kgl. statistischen Bureaus nicht an Gründen fehlen, in diesem Sinne „namentlich die Ausfuhr" zu betonen. Und nimmt man dazu, was an angeschriebener Einfuhr deutschen Ursprungs sein kann, so hat man das Bild fertig. Allein per „Ostsee" sind im Jahre 1877 rund 6 Millionen Ctr. Einfuhr angeschrieben. Wieviel davon deutsches Getreide ist, läßt sich nicht bestimmen, wieviel solches durch andere Häfen eingeht, ebenfalls nicht.

Indem wir im Allgemeinen nachgewiesen haben, daß es unzulässig ist, die Zahlen, welche uns die Handelsstatistik darbietet, ohne Weiteres zum Zweck so wichtiger Nachweisungen zu verwerthen, und dabei zu dem Resultate gekommen sind, daß die Behauptung einer Mehreinfuhr von 27 Millionen Centnern unbegründet ist, bleibt freilich das Räthsel der plötzlichen Steigerung der Mehreinfuhr mit der Periode 1868/72, welches die Handelsstatistik darbietet, noch nicht gelöst, denn wohl müßte man annehmen, daß die Fehlerquellen der Statistik wesentlich immer dieselben seien und demnach proportional der Entwicklung des Getreideverkehrs blieben. Indessen giebt es doch Momente, welche einer erweiterten Auffassung Raum lassen und vielleicht zu einer Erklärung der auffallenden Erscheinung beitragen können. Vor Allem ist daran zu erinnern, daß bis Mitte der fünfziger Jahre Getreidezölle erhoben worden sind und demgemäß bis zu dieser Zeit die Einfuhr, der Controle der Durchfuhr halber aber auch die Ausfuhr, einer zuverlässigeren Anschreibung unterlegen haben muß. Von hier ab gab es für diese Controle kein anderes Interesse mehr als das statistische. Die Controle bringt dem Staat nichts mehr ein, sie wird lockerer gehandhabt; der Handel hat ohnehin als steuerpflichtig und aus anderen Gründen die Tendenz, seinen Umsatz nicht in ganzer Größe erscheinen zu lassen¹). Offenbar ist dieses Interesse beim exportirenden Inländer ein größeres als bei dem Ausländer, der an unsere Grenze kommt und nicht steuerpflichtig ist. Allmälig, wie die Controle, welche für die Einfuhr leichter als für die Ausfuhr sein mag, gleichgiltiger wird, lernt man auch Gebrauch von dieser Wohlthat machen. Mit dem Jahre 1865 tritt eine neue Bewegung in der Handelspolitik, damit in den ganzen Handelsverhältnissen ein, mit 1866 ein Krieg und in seinem Gefolge wesentliche innere Bewegungen im deutschen Reich, welche nicht ohne Einfluß auf Handels- und Verkehrsverhältnisse sein können. Zugleich ist dies die Zeit, in welcher die Differenzialtarife in Schwung und Blüte zu kommen und damit alle natürlichen Güter-Verkehrsverhältnisse auf den

---

¹) Von welcher Bedeutung dieses unscheinbare Moment werden kann, dafür ein Beispiel. In Rußland wird ähnlich wie bei uns auch theilweise der Erwerb versteuert, und so unter Anderem das Fischereigewerbe mit einer nach der Größe des Fischfangs zu bemessenden Abgabe belastet. Die Defraudirung nahm solche Verhältnisse an, daß man auf das Auskunftsmittel fiel, die Menge gefangener Fische, da letztere eingesalzen werden, nach den (kontrolirten) Quantitäten Kochsalz zu berechnen, welches der Einzelne kauft. Man berechnete auf diese Weise einen Fischfang in der Wolga von ca. 6 Millionen Centnern. Während nun vor wenigen Monaten die Pest ausbrach und in Folge dessen sich eine strenge Controle auf alle Lebensbewegung erstreckte, kamen die Behörden zu der Entdeckung, daß man die bereits benutzte, schmutzige Salzlake zum zweiten, britten und viertenmal benutzen gelernt hat, lediglich um die Steuerbehörden über die Größe des Fischfanges zu täuschen. Der Umsatz ist also ein drei- bis viermal größerer als man unvermeidlich zugeben mußte. Sollte nun bei unseren geschraubten Steuerverhältnissen die Tendenz, den Geschäftsumsatz und Erwerb möglichst klein erscheinen zu lassen, eine geringere sein? Und wenn man einräumt, daß diese Tendenz besteht, soll da der Getreibeexporteur, wenn weder zu einer „vollständigen", noch zu einer „richtigen" Anmeldung „eine Gewähr gegeben ist", lediglich aus Interesse an der Statistik solche Angaben machen? Man wird ihm schwerlich dies zumuthen. Wie groß aber die Summen der sich schon allein aus diesen Gesichtspunkten der Controle entziehenden Ausfuhr sein mögen, mag sich ein Jeder selbst vergegenwärtigen, der die Gepflogenheiten des praktischen Geschäftslebens kennt.

Kopf zu stellen und zu verwirren anfangen, und wo in der Folge dem Handel sich neu entdeckte Welten erschlossen, das Getreide hin und wieder zu jagen anfing, auf den unnatürlichsten Wegen.

Es würde kaum zulässig sein, den Einfluß aller dieser Faktoren auf die Veränderung und Vermehrung der Verkehrsziffer und auf die Verwirrung der früher gewiß ganz leidlich brauchbaren Aus- und Einfuhrstatistik im Einzelnen genau ermessen zu wollen; allein naheliegend genug erscheint es zum Wenigsten, daß die Verkettung dieser Verhältnisse nicht außer wesentlich bedingendem Zusammenhang damit stehe und namentlich die Brauchbarkeit der Ausfuhrstatistik seit jener Zeit, die ja überhaupt den Grundsatz des Gehen- und Geschehenlassens auf allen Gebieten in ihre besondere Pflege genommen hat, in rapidem Niedergang sich befinde.

In wie weit die hohe Einfuhrziffer der letzten Jahre zu einem Theile auch auf den deprimirenden Einfluß der Gründerperiode, auf die ländliche Produktion Deutschlands zurückzuführen ist, sei dahin gestellt. Gewiß ist, daß diese Periode eine früher nie gekannte ländliche Arbeiternoth geschaffen und daß die Produktion in jener Zeit dadurch gelitten hat.

II.

Wir wenden uns nunmehr zu dem zweiten Kernpunkt in der Schrift, die den Gegenstand unserer Kritik bildet. Es ist dies die zu einem wahren Schreckbild aufgebauschte Frage der Brodvertheuerung, welche angeblich die Folge der Erhebung eines Eingangszolles auf Getreide sein soll.

In Erinnerung an die Zeiten des sogenannten Kornwuchers ist es wahrhaft rührend, zu sehen, wie der Handel sich warm der armen Leute annimmt. Zu bedauern ist nur, daß er noch nicht vermocht hat, in den Zeiten niedriger Getreidepreise dem armen Manne auch entsprechend billigeres Brod oder größere Semmeln zu verschaffen wie in theueren Zeiten; bedauerlich ist aber insbesondere, daß die Schrift auch in dieser Frage des Einflusses von Getreidezöllen auf die Wohlfahrt der weniger Bemittelten von gegebenen Zahlen und Verhältnissen Anwendungen macht, deren Richtigkeit in wohl begründete Zweifel zu ziehen sind. Nach einer Auseinandersetzung über die frühere Auffassung der Berechtigung von Schutzzöllen für Getreide und über die neuere Theorie derselben erörtert die Schrift nochmals die Unmöglichkeit, den Getreidebedarf durch die inländische Produktion zu decken, und kommt endlich zu dem Ergebniß, daß ein Eingangszoll von beispielsweise 50 Pfennigen auf den Centner eingeführten Getreides dem inländischen Consumenten nicht nur die (angeblich) uns fehlenden 27 Millionen Ctr., sondern auch die ganze im eigenen Lande erzeugte Menge um denselben Preis pro Centner vertheuern würde.

Der Nachsatz würde jedenfalls unanfechtbar sein, wenn erst der Vordersatz richtig wäre.

Auf diesen Vordersatz, daß das etwa einzuführende Getreide um den Betrag des Zolles vertheuert werden würde, prüfend einzugehen, hält die Schrift gar nicht der Mühe werth, es scheint ihr selbstverständlich so. Und doch ist er vom Standpunkte des besseren Wissens und einer ernsten Prüfung aus nicht zulässig. Der Verfasser der Schrift ist offenbar demselben bedauerlichen volkswirthschaftlichen Irrthum verfallen, wie viele aus der Schule der Handelsinteressen, daß die Landwirthschaft strikte vergleichbar sei mit dem nächsten besten Gewerbe- oder Industriezweig, der Landwirth nichts anderes als ein Weizen- oder ein „Ochsenfabrikant" (Lasker). Wilh. Roscher definirt zwar das Ideal der modernen Landwirthschaft ungefähr dahin, sie solle eine von kaufmännischen Prinzipien getragene Industrie, eine Kunst und eine Wissenschaft sein. Das alles ist unantastbar; es bezeichnet aber nur, was sie sein soll oder was sie ist im Hinblick auf sie selbst, was sie sein soll behufs des eigenen Gedeihens. Das ändert nichts daran, daß sie, hingesehen auf die Gesammtheit und in ihrem Verhältniß zu derselben, den stabilen Fond der Nation darstellt im Gegensatz zu dem, was man gewöhnlich als Industrie und Handel bezeichnet. Industrie und Handel befriedigen wohl, gleich der Landwirthschaft gegebene Bedürfnisse; allein während die Bedürfnisse, welche die letztere zu befriedigen hat, positive und in ihrer Wesenheit ewig gleich bleibende sind, haben Industrie und Handel die Tendenz deren immer neue zu schaffen in unbegrenzter Progression, und diese naturgesetzliche Unterscheidung begründet es auch, daß in der Pathologie des Volkskörpers die Landwirthschaft eine durchaus ganz andere Rolle spielt und darum auch anders beurtheilt werden will, wie das ganze übrige Erwerbsleben; sie ist und war und bleibt zu allen Zeiten und bei allen Völkern nicht blos ein Privaterwerbszweig des Einzelnen, sondern die Ernährerin im eigenen Hause, auf welche — wie wir später mit Zahlen darthun werden — jedes größere Volk in seiner Ganzheit angewiesen bleibt[1]), und wer dies nicht zur Richtschnur seiner Volkswirthschaftstheorie macht, der ist nicht unbefangen oder er ist unwissend[2]). Die oben erwähnte Unterscheidung begründet es auch ganz überwiegend, wenn nicht allein, daß der Verlauf einer Industrie- und Handelskrisis, wenn es sich lediglich um eine solche handelt, wie empfindlich diese auch werden kann, doch stets ein seichterer und kürzerer ist und daß die Regulirung schon allein vermöge der eigenen Elastizität eintritt, wie auch diese gewöhnlich erst die Krisis hervorruft. Bei der Landwirthschaft eines Landes dagegen, welche nie in die Lage kommt, eine Krisis selbst zu verschulden, wie etwa durch leichtsinnige Ueberproduktion und sonstigen Uebermuth, fordert der Eintritt einer solchen den ganzen Ernst der national-ökonomischen Forschung, den ganzen Ernst wirklich staatsmännischer Erwägung heraus, denn es handelt sich dabei um Erscheinungen eines ernsten, tiefliegenden chronischen Leidens, welches alle Fasern des Gesammtkörpers in Leidenschaft zieht.

Bei Zöllen auf Eisen und sonstige Fabrikerzeugnisse wird der

---

[1]) Roscher, Nationalökonomik des Ackerbaues: „der Ackerbau ist doch bei jedem kultivirten Volke die Grundlage der ganzen übrigen Wirthschaft."

[2]) Man wird nicht in Verlegenheit sein um Beispiele, welche das Gegentheil von dem zu beweisen scheinen. (Theile der Schweiz.) Allein es ist leicht einzusehen, daß es sich in derartigen Fällen um ganz ausnahmsweise Verhältnisse handelt, welche den von der Regel abweichenden Thatsachen zu Grunde liegen.

wirkliche Preisaufschlag nur in verhältnißmäßig engeren Grenzen mit der Höhe aufgelegter Zölle differiren können; größere Differenzen sind nach Zeit und Umständen denkbar, aber sicher von keiner längeren Dauer. Der ausländische Fabrikant bringt seine Waaren mit einem Gewinn, bei welchem er bestehen kann, an unsere Grenze. Muß er hier einen Eingangszoll bezahlen, so fordert er um den Betrag dieses Zolles am Preise mehr. Kann man ihm aber diesen erhöhten Preis nicht geben, so daß sich für ihn vielleicht gar ein Verlust oder auch nur ein allzugeringer Gewinn berechnete, so können ihn wohl Zeit und Umstände zwingen, dennoch zu verkaufen; bald aber wird er sich einrichten müssen, nichts mehr an unsere Grenze zu bringen und im schlimmsten Falle läßt er nicht mehr volle Tage arbeiten, verändert seine Geschäftsrichtung, entdeckt eine billigere Produktionsmethode oder die Herstellung eines werthvolleren Produktes, weiß vielleicht sogar Gegenden für sein Produkt zu interessiren, es ihnen zum Bedürfniß zu machen, welche seither den Artikel gar nicht kannten u. s. w. Jedenfalls aber verkauft er nicht dauernd ohne entsprechenden Gewinn; er wird und er kann sich arrangiren, daß er zum Mindesten leidlich besteht, weil das Industriegebiet in jedem seiner Einzelzweige wieder unendlich vielgestaltig, elastisch und von unbegrenzter Entwickelungsfähigkeit ist. Wenn alles bricht, so bleibt in letzter Linie das Aufgeben des betreffenden Industriezweiges übrig. Tausende an Kapital sind dann freilich dem Subjekte verloren, Hunderte von Menschen sind vorübergehend brodlos, aber die Nation in ihren Grundlagen kann darum nicht erschüttert werden. Alles dies liegt vollkommen anders in der Landwirthschaft, und zugegeben, es läge theilweise ebenso, so sind die Zeiträume des Verlaufs vermöge der ganzen Natur und Entwickelung des Landbaues außer vergleichbarem Verhältniß größere. Wandlungen und Operationen, die sich dort in Wochen und Monden vollziehen können, bedürfen hier der Jahre, und was dort sich oft in einem halben Jahrzehnt entwickelt, braucht hier vielleicht ein Jahrhundert.

Gelangt jetzt durch die Hand des allbereiten Handels, nach-

dem der russische Bauer oder der nordamerikanische Farmer sich
darauf eingerichtet, die Eisenbahnen gebaut sind und das Geld
und die Steuern kosten, nachdem die Gebiete erschlossen, die wüsten
Flächen beurbart, vielleicht Wälder gerodet sind, nachdem der
Bauer an den Gebrauch des karg erlösten Geldes gewöhnt ist,
ihm die Lasten auferlegt sind und der Handel in mehrfachem
Zwischengeschäft seine drei= bis mehrfältigen Spesen von der
Waare gezogen hat, das Getreide an die deutsche Zollgrenze, so
wird man wohl versuchen, den Betrag des Zolles auf den Preis
zu schlagen. Auf kurze Zeit wird dies vielleicht auch der Specu=
lation theilweise gelingen, indem es vielleicht möglich ist, einen
künstlichen Mangel herzustellen. Allein auf irgend welche Dauer
ist nicht an diesen Preisaufschlag zu denken, denn das Angebot
bleibt nach wie vor größer wie der Bedarf; und wenn das Gesetz
der Preisregulirung durch das Verhältniß zwischen Nachfrage und
Angebot richtig ist, so wäre es doch sehr ungeschickt, an eine
Preissteigerung um den Zollbetrag von beispielsweise 50 Pfennige
pro Centner zu glauben, selbst wenn es wahr und richtig wäre,
daß das Deutsche Reich jener Effectiveinfuhr von 27 Millionen
Centner Getreide bedürftig sei[1]). Die 27 Millionen Centner be=
trügen doch immer erst 15 Procent des Gesammtbedarfs, und es
gehört wohl schon mehr wie eine große Quantität guten Autoritäts=
glaubens dazu, anzunehmen, die versuchte Preisforderung für dieses

---

[1]) In der Denkschrift, welche die Stettiner Kaufmannschaft unlängst an den Bundesrath und den Reichstag gerichtet hat, wird unter Anderm auch hervorgehoben, daß sehr niedrige Getreidepreise durch hohe Getreidezölle nicht abzuwenden sind. Es heißt da: „Die höchsten Getreidezölle hatte Preußen in den Jahren 1823 und 1824. Der Zoll für Roggen, der seit 1818 etwa 1,50 Mk. für 2000 Pfund betragen hatte, wurde im April 1823 zum Schutz der landwirthschaftlichen Interessen gegen Rußland und Polen auf den Betrag von 12,50 Mk., gegen andere Grenzen der Ostprovinzen auf 7,50 Mk. erhöht, und 1824 gegen alle Grenzen derselben auf 12,50 Mk. festgesetzt; die Zölle galten in den gedachten beiden Jahren ohne Unterschied für Ein= und Durch=fuhr. Dessenungeachtet galt Roggen im Herbst 1823 in Stettin nur 57 Mk. und im Herbst 1824 sogar nur 50 Mk. für die heutige Tonne (1000 Kilogr.), genau das Vierfache des Zolles.

ausländische Getreide vermöchte bei nach wie vor überfülltem Markte — ja selbst bei vermindertem Angebot — die ganzen übrigen im Lande erzeugten 85 Procent um diesen Preis hinaufzupressen. Halten wir uns, um dies klarer zu machen, einmal an die in der Brochüre benützten Verbrauchszahlen. Darnach haben wir im Jahre 1878 selbst erzeugt 379 Millionen Centner und bedürfen einer Einfuhr von 27 Millionen. Der unterstellte Preisaufschlag, welcher angeblich die Folge der Auflegung eines Eingangszolles von 50 Pfennigen auf jeden Centner der 27 Millionen sein würde, betrüge auf diese 27 Millionen Centner $13\frac{1}{2}$ Million Mark, auf jene 379 Millionen aber rund 190 Millionen Mark. Wohl verstanden, blos deshalb, weil die 27 Millionen Centner den Zoll von zusammen $13\frac{1}{2}$ Millionen Mark bezahlen müssen. Mit anderen Worten: der Preis der 27 Millionen Centner bestimmt den Preis des ganzen Marktes; kosten diese 27 Millionen Centner à 50 Pfennige mehr, so kostet unser ganzer Verbrauch so viel mehr; daraus folgt logisch: kosten sie à 50 Pfennige weniger, so kostet der ganze Bedarf so viel weniger. Da wäre es doch wahrlich empfehlenswerth, der Staat verzichtet nicht blos auf die Zolleinnahme, sondern giebt noch eine Einfuhrprämie von 1 Mark pro Centner. Der Staat giebt dann 27 Millionen Mark hin, dafür aber wird den Consumenten der Betrag von 379 Millionen Mark erspart. Ein wahres Columbusei, wie eine Nation zu billigem Brot gelangen kann. Ja, fährt man in dem Exempel fort, so könnten wir dahin kommen, daß das Getreide im Lande fast gar nichts mehr kostete. Wir brauchten nur anstatt einer Mark fünf Mark Einfuhrprämie für russisches Getreide zu zahlen. Das kostete dem Staat für die 27 Millionen Centner 135 Millionen Mark; an dem inländischen Getreide wären damit aber „der Nation" 1895 Millionen Mark erspart.

Man sieht, zu welchen Widersinnigkeiten solche primitive Rechenweisen, deren die Brochüre sich bedient, und welche sie als Wissenschaft darzubieten sucht, führen.

Derartige Preisrechnungen sind überhaupt unfruchtbar; allein der Wahrheit würde es ganz gewiß näher gekommen sein, und gliche doch zum Wenigsten dem Versuch eine wissenschaftliche Lösung des Exempels zu finden, wenn die Schrift etwa gesagt hätte: 406 Millionen Centner ist der Bedarf. 406 Millionen Centner sind auch am Markte. Alle 406 Millionen Centner haben das Bestreben, heute wie immer, hohe Preise zu erzielen. Weil aber Angebot und Nachfrage sich decken, erzielt man allgemein nur einen bestimmten Mittelpreis, wie er sich in dem complicirten Getriebe der verschiedenen natürlichen Interessen einmal regulirt hat. Nun entsteht durch die Zollauflage für die 27 Millionen Centner ausländischen Getreides eine neue innere Nothwendigkeit 50 Pfennige mehr zu fordern; eine solche neue Nothwendigkeit besteht für die 379 Millionen Centner inländischen Getreides aber nicht. Diese haben die Tendenz, entsprechend der früheren Regulirung des Handelsgetriebes, stabil zu bleiben. Man wird nun wohl ziemlich zutreffend das Bild gebrauchen dürfen, daß der Anstoß nach oben, welcher von der kleineren Masse ausgegangen ist, auf die große Masse eine ähnliche Wirkung haben werde, wie die kleine Kugel auf eine vielmal größere, wenn sie mit einer bestimmten Kraft auf diese gestoßen wird. Die große Kugel ist hier gleich 379, die kleine 27 und die anstoßende Kraft 50. Somit würde die einfache Gleichung entstehen

$$379 : 27 = 50 : x \quad \text{oder } 3\tfrac{1}{2} \text{ Pfg. pro Ctr.}$$

Wollte man anders rechnen, so wie die Schrift es thut, dann müßte man konsequenter Weise behaupten, daß schon ein einziger Centner Mehrbedarf das Unglück der allgemeinen Getreidevertheuerung bewirken könne[1]).

Die Lasten, welche dem russischen Bauern durch Hebung des Verkehrs, durch die Wohlthaten der fortschreitenden Allgemein-

---

[1]) Es bedarf der kurzen Bemerkung, daß bei der vorstehenden Rechenweise, von allen den, den Markt bloß zufällig oder durch künstliche Manipulationen beeinflussenden Momenten abgesehen, vielmehr nur das einfachste reinste Verhältniß, wie es in der Praxis kaum vorkommt, zu Grunde gelegt ist. Zu bemerken ist ferner, daß davon ausgegangen ist, das Angebot decke gerade genau den Bedarf, während in Wirklichkeit das erstere zur Zeit immer den Bedarf überwiegt.

Cultur, durch Urbarmachungen, Betriebseinrichtungen ꝛc. und durch die Gewöhnung an weniges Geld einmal aufgehalst sind, sitzen fest und nimmer kann er sie abschütteln; er muß produciren und wenn ihm der Kleinhändler, welcher den russischen Bauern in erster Linie beglückt, auch noch ein ganzes Fünftel weniger gäbe wie seither, so muß er eben doch stille halten, muß produciren und verkaufen. Nach Lage der Verhältnisse wird die Folge eines Eingangszolles übrigens den Handel mehr treffen wie den russischen Bauern, und man möchte sich fast zu der Frage versucht fühlen, ob am Ende gerade dies des Pudels Kern sei, weshalb der Verein zur Förderung der Handelsfreiheit sich so erwärmt für das Interesse der „wirthschaftlich Schwächsten". Der Handel scheint uns zwar in dem Falle nicht der wirthschaftlich schwächste Theil zu sein, denn wir haben aus der Brochüre gehört, daß in den Jahren 1838 bis 1842 sein Geschäft in Getreide 14 Millionen Centner verzeichnet, in den Jahren 1873 bis 1877 dagegen 71 Millionen Centner, also das Fünffache, obgleich in dieser letzten Zeit jedenfalls noch nicht alles angeschrieben ist. Ob diese Steigerung des Geschäftsverkehrs nun auch in der Bevölkerungsvermehrung ihren Grund hat, dürfte ja ein Jeder überschlagen können. Um die Bevölkerung der alten preußischen Provinzen zu verdoppeln, bedurfte es von 1816 ab, wo die erste ordentliche Zählung stattfand, einer Zeit bis Ende der Sechziger Jahre. Zudem ist ja auch das Verhältniß zwischen Produktion und Consumtion im deutschen Reich selbst nach der Statistik noch in dem Cinquinnium 1863/67 genau dasselbe gewesen, wie zwanzig Jahre früher (vergl. unsere Zusammenstellung S. 12).

In vielen, besonders armen Gegenden, aus welchen die Zeitungen stets voll Klagen über den Wucher sind, besteht im Viehhandel die merkwürdige Eigenthümlichkeit, daß er sich weit über den wahren Bedarf hinaus erstreckt. Der Handel weiß ein Stückchen Vieh aus dem Stalle eines armen Bauern in den zweiten, dritten, vierten, in sehr kurzer Zeit zu führen und zuletzt steht es gar nicht selten wieder beim ersten. Natürlich verarmen dabei die Bauern. Bei Betrachtung der oben erwähnten Verkehrszahlen im Getreidehandel

sind wir, obschon man sich zu sagen hat, daß der Durchgangs=
verkehr sich auf ganz natürliche Weise vermehrt haben muß, doch
unwillkürlich an diese Viehhändel erinnert worden, und es scheint
uns dieser blühende Handel — sollte er wirklich etwas Analoges
an sich haben — fast ein Segen von zweifelhaftem Werth. Wir
würden uns aufrichtig freuen, sollte man uns des Gegentheils
überzeugen. So viel dürfte aber zum Wenigsten unanfechtbar
sein, daß der Handel unser gutes deutsches Getreide in's Ausland
schafft, dagegen den geringwerthigen russischen Roggen hereinführt
und daß damit die Ernährung des deutschen Volkes — und zwar
gerade in seinem wirthschaftlich schwächsten Theil — eine schlechtere
wird, als sie sein würde, wenn man uns gönnte, unser eigenes
Produkt zu essen. Nicht den deutschen Consumenten, sondern den
Handel und voraussichtlich nur den Handel würde ein Eingangs=
zoll von 50 Pfennigen treffen, denn man muß nicht vergessen,
daß das Stück Brod, welches der Consument endlich aus russischem
Roggen in die Hände bekommt, ursprünglich um das Mehrfache
größer war und der Löwenantheil davon den vielen Etappen des
Handels zufiel. Nach einer Notiz der „Deutschen landw. Ztg." vom
25. Januar d. J. kosteten zu der Zeit 1000 Kilogramm Roggen
im Innern Rußlands 15 Rubel Papier = 29 Mark Metall und
wenn dies Quantum von der Eisenbahn für weniger als 20 Mark
an die Oder gefahren wird, so steht es dort auf 50 Mark. Der
Preis des russischen Roggens betrug aber an der Oder zu der Zeit
100 bis 110 Mark. Der Handel hat also an dem Roggen
mehr wie das Doppelte von dem, was der russische Bauer be=
kommt, dessen Armuth und Fleiß ihn erzeugt[1]). Möge aber der

---

[1]) Die Richtigkeit dieser Mittheilung bezüglich des Roggenpreises im
Innern Rußlands ist von Handelsinteressenten schon angefochten worden.
Wir selbst können sie im Speciellen nicht verbürgen. Allein im Allgemeinen
vermögen wir auf Grund von Mittheilungen des Sekretairs bei der Kaiser=
lich Russischen Gesandtschaft zu Weimar, eines gründlichen Kenners und Be=
obachters russischer Zustände und russischer Handelsverhältnisse, für das Fol=
gende einstehen: Der russische Bauer, besonders in ganz Kleinrußland, baut
so viel Fläche, als er mittelst seiner Arbeitskräfte bauen kann. Was er an

Betrag des Zolles im Auslande bezahlt werden von wem es auch sei, so viel ist sicher, daß bei einem Zoll von 50 Pfennigen nach wie vor der deutsche Markt überfüllt sein wird und mithin keine Rede sein kann von einer Vertheuerung des Getreides im Lande. Erst eine sehr viel höhere Zollauflage, welche nämlich geeignet sein würde, den Verdienst am Getreidegeschäft so zu vermindern, daß sich die Zufuhr beschränkte, könnte eine Wirkung auf den Preis haben, welche sich aber voraussichtlich nicht in der ganzen Höhe des Zolles, sondern nur in einer ähnlichen Weise geltend machen würde, wie wir es oben zu berechnen versuchten.

Selbstverständlich muß man es auch als vollkommen irrig von

Getreide erübrigt, wird ihm vom hausirenden Händler, genannt „Faust" seltener gegen Geld, häufiger gegen allerlei Gebrauchsartikel als Schnittwaaren, Tücher u. dgl., abgetauscht. In diesem Handel erster Hand wird dem Bauer kaum ein Preis oder ein Werth von 1 M. (jetzt vielleicht bis zu 1,50), für den Centner Getreide zu Theil. Diese Faust's verkaufen das Getreide an einen größeren, wohlhabenderen Aufkäufer, welcher es zur Marktstadt führt, um es an den eigentlichen Händler zu liefern, von dem es erst in die vierte und fünfte Hand gelangt, bevor es zum Export verfrachtet wird. So war es vor 10—12 Jahren, als der genannte Gewährsmann noch in seiner Heimath lebte. Mittlerweile sind die Verkehrsmittel wesentlich erweitert worden. Rußland hat von 1865 bis 1875 seine Bahnnetze um 300% vermehrt, d. h. vervierfacht. Wie die Verkehrswege dem Bauern näher rücken, muß der Handel sich vereinfachen, und man wird nicht weit fehlgehen, wenn man annimmt, daß die durch Fortfall einer Zwischenhand entstehende Ersparniß sich in der Weise vertheilt, daß ein kleiner Theil des Vortheils dem Bauern in einem etwas höheren Preise, vielleicht auch nur ideell durch die reellere Geldwährung zu Statten kommt, der Hauptbetrag aber wieder zum Theil dem größeren Vorhändler zu Nutzen fällt, zum Theil dahin wirkt, daß das Getreide billiger auf den eigentlichen Markt gelangt. Nach einer Preisnotiz des „Golos" stand der Preis des Roggens am 9./21. März ds. J. im Petersburger Großhandel letzter Hand für 8 Pud, 25 Pfd., 7 Rubel 35 Kop., was unter Berücksichtigung aller Reductionsverhältnisse pp. 4 ℳ 35 ₰ für den deutschen Centner beträgt. Zu derselben Zeit stellte sich der Roggenpreis in Odessa auf pp. 4 ℳ pr. deutschen Centner. Der Transport von Odessa bis nach London soll z. Z. 7—8 Shillinge für 1 engl. Quarter = 290 Liter betragen, von Riga aber und den übrigen russisch-baltischen Häfen nur 3—4 Shillinge, was für den deutschen Centner etwa 70—80 Pfennige ausmachen würde.

der Handweisen, wenn bei einem Zollprojekt von 50 bezgl. 25 Pfennigen pro Centner von einem „Schutz der deutschen Landwirthschaft" gesprochen wird. Von den 10 bezgl. 5 Mark, welche es dem Wispel Getreide trüge, wird der deutsche Producent keinen Pfennig zu sehen bekommen. Um von einem „Schutz" zu sprechen, müßte der Zollaufschlag eine ganz andere Höhe erreichen, eine Höhe, welche eben der Ueberfluthung des Marktes in einigermaßen zu steuern im Stande wäre. Es ist darum auch ein ganz verhängnißvoller Irrthum vieler Landwirthe, die Frage der Getreidezölle mit der Krisis in der deutschen Landwirthschaft in organischen Zusammenhang zu bringen, so lange von einem Zoll von 50 oder gar von 25 Pfennig die Rede ist. Die Ursachen der Krisis der deutschen Landwirthschaft liegen wohl klar, doch über die Heilmittel denken wir ganz anders. Selbst nicht einmal können wir einräumen, daß aus der Zollmaßregel eine in irgend einer Form wesentlich werdende Steuererleichterung resultire. Die 13 oder 11 Millionen Mark Zolleinnahme, welche von der zu importirenden Getreidemenge — nach einer allerdings nicht korrekten Rechnungsweise — in der Schrift berechnet sind, würden ja zum größten Theile — wenn nicht ganz — eitel Truggebilde sein; denn wie wir nachgewiesen haben, liegt ja in der Nettoeinfuhr von 27 Millionen Centner — zum allerwenigsten eine ganz arge Uebertreibung. Was werden auch im Uebrigen 11 oder 13 Millionen Mark sein, gegenüber der Gesammtsteuerlast, welche allein nur die deutsche Landwirthschaft aufbringt? Uebrigens ist es nöthig, darauf zurückzukommen, daß es nicht richtig ist, wie die Schrift gethan, anzunehmen, daß blos die Mehreinfuhr den der deutschen Reichskasse zufließenden Zollbetrag begründe, denn sonst müßte man erst annehmen, daß alles, was als Ausfuhr gebucht wird, ausländischen Ursprung habe, also nur Durchfuhr sei, ein deutscher Export gar nicht stattfände. In der That liegt aber doch die Sache so, daß das deutsche Reich selbst effectiv viele Millionen Centner Getreide und Mühlenprodukte ausführt, die Summe der exportirten Menge — willkürlich auf 10 Millionen angenommen — dann am eigenen Bedarfe fehlt, so daß dann die Einfuhr von im deutschen Reich verbleibendem und mithin zollpflichtigem Getreide nicht blos auf jene angeblichen 27 sondern auf 37 Millionen Centner sich beliefe und der Zollbetrag 18 Millionen Mark ausmacht. Nach den Zahlen der Handelsstatistik beträgt die gebuchte Gesammtausfuhr ca. 22 Millionen Centner. Wieviel davon deutsches Getreide, ist nicht zu bestimmen, jedenfalls aber genug, um es der Mühe werth erscheinen zu lassen, das dagegen wieder einzuführende fremde Getreide zu einer vom Auslande zu zahlenden Steuer heranzuziehen.

Wie aus allem ersichtlich, hegen wir keinen Schatten einer Erwartung, daß durch Einführung der projectirten Getreidezölle die Verhältnisse der deutschen Landwirthschaft in irgend etwas berührt oder der Reichskasse gerade sehr namhafte Quellen eröffnet werden würden, und können nicht unausgesprochen lassen, daß es lediglich das Interesse an der nöthigen Klarheit und Wahrheit ist, welches uns die Feder in die Hand drückt, gegen eine Darstellung, die vermöge einer geschickt eingeleiteten Agitation den Anspruch erhebt, von maßgebendem Charakter zu sein und unter dieser Präposition das deutsche Volk an seiner reizbarsten Stelle anfaßt.

III.

Glauben wir uns nun damit abgefunden zu haben, daß die etwaige Auflegung eines Zolles von 50 Pfennig pro Centner Getreide nicht geeignet sein würde, das Getreide, weder das inländisch erzeugte noch das eingeführte, um diesen Betrag zu vertheuern, so verlohnt es der Mühe, auch noch darauf einzugehen, ob die Wirkung, die es haben müßte, wenn diese Vertheuerung dennoch einträte, eine so gewaltige sein würde, um es zu rechtfertigen, daß man deshalb das deutsche Volk in solche Aufregung setzt.

Es gehört offenbar zu dem Größten, was unter dem äußeren Eindruck der objectiven Wissenschaftlichkeit und maßgebenden Sachkenntniß an unstatthafter Darstellung jemals geleistet werden kann, wenn die Schrift (Seite 17) zu dem Resultate ihrer „Untersuchung" kommt:

„Der Preis der oben für das Jahr 1878 berechneten Getreidemenge von 406 Millionen Centner (Gesammtbedarf im deutschen Reich) würde daher, wenn auch nicht um volle 203 Millionen Mark, so doch um einen von dieser Summe nicht allzuentfernten Betrag steigen, und dieser Betrag wäre der Preis, welchen die Nation unmittelbar oder mittelbar aufzubringen hätte, damit 13$\frac{1}{2}$ Millionen Mark der Reichskasse zugeführt werden."

ferner Seite 18:

„Die Nation hätte, um diese Einnahme zu beschaffen, vielleicht das fünfzehnfache des Betrags derselben aufzubringen, und es würde deshalb der Getreidezoll, vom finanziellen Standpunkt betrachtet, sich dem Ideal einer Abgabe nähern, wie sie nicht sein soll."

und dann Seite 19:

„Es hat sich ergeben (!), daß die Belegung dieses ausländischen Getreides mit einem Eingangszoll den Preis auch des inländischen Getreides um einen dem Zollsatz nahe kommenden Betrag erhöhen würde, und daß die durch diese Erhöhung der Nation aufgelegte Last außer jedem Verhältniß zu der finanziellen Wirkung des Zolles stehen, den wirthschaftlich schwächsten Theil der Nation am stärksten treffen und eine Beschränkung in dem Verbrauche gewerblicher Erzeugnisse zur unmittelbaren Folge haben würde."

Einem Mitgliede des jüngsten Congresses deutscher Landwirthe gebührt der unbestreitbare Vorzug, für diese Darstellung eine passende Bezeichnung gefunden zu haben, indem die Gewandtheit erwähnt wird, womit hier „die Volte geschlagen" sei. Es klingt die Darstellung dem vertrauensvoll an die Autorität glaubenden Publikum gegenüber nicht nur gerade so, als ob diese 200 Millionen Mark alljährlich neu aufzubringen wären, um dem Besitze des Volks verloren zu sein, sondern sie ist nach dem mehrfach variirten Wortlaute der an verschiedenen Stellen wiederholten und darum den Gedanken an einen Lapsus calami des größeren Styles ausschließenden Phrase, einer anderen Auslegung gar nicht fähig.

Wir wollen nun sehen, welche Bewandtniß es wirklich damit hat:

Wir gehen dabei, der Klarheit willen, von folgenden Voraussetzungen aus:

1. es sei wahr und richtig, daß wir einer Mehreinfuhr von 27 Millionen Ctr. Getreide bedürften, um der Nation die nöthigen Nahrungsmittel zu bieten,
2. es würde ein Eingangszoll von 50 Pf. für den Ctr. einzuführenden Getreides erhoben und es sei wahr und richtig, daß der Betrag dieses Zolles nicht vom Auslande bezahlt würde, sondern als Preisaufschlag im eigenen Lande zum Ausdruck käme,
3. es zöge dieser Preisaufschlag des eingeführten Getreides dieselbe Preiserhöhung auch für das sämmtliche innerlandes erzeugte Getreide nach sich.

Von diesen, wiewohl im Einzelnen bereits widerlegten, Voraussetzungen ausgehend, haben wir zu prüfen:

a) ob es wahr und richtig ist, daß die Nation um der angeblichen 13 Millionen Mark Zolleinnahme willen den fünfzehnfachen Betrag von rund 200 Millionen Mark „aufbringen" müsse. Und wenn sich dies auf eine unrichtige, blos die Irreleitung und Erregung der Volksmassen bewirkende Auslegung des wirklichen vitalen Vorganges im Volkskörper zurückführen sollte:
b) ob sich etwa annehmen läßt, daß der lediglich konsumirende Theil der Bevölkerung zu Gunsten des producirenden Theils diese Summe von 200 Millionen Mark oder einen kleineren Betrag, oder überhaupt Etwas und eventuell wie viel aufbringen muß,
c) ob es wahr und richtig ist, daß diese nach Ansicht der Schrift „der Nation aufgelegte Last" „den wirthschaftlich schwächsten Theil der Nation am stärksten treffen und eine Beschränkung in dem Verbrauche gewerblicher Erzeugnisse" — also zugleich eine gewerbliche Misère — „zur unmittelbaren" (oder mittelbaren) „Folge" haben würde.

Was zunächst den Punkt a betrifft, so gehört doch schon eine große Kühnheit dazu, dem gesunden Menschenverstande die Behauptung darzubieten, daß die Nation den Betrag des angeblichen Preisaufschlages in dem Sinne, wie es die Schrift geflissentlich darstellt, „aufbringen" müsse; denn es liegt doch platt auf der Hand, daß diese Summe von 200 Millionen Mark, welche etwa in einem Jahre sich berechnen würde, nicht aus dem Lande hinausgeht, innerhalb der Nation verbleibt. Oder denkt sich der Verfasser der Schrift den deutschen Produzenten, an welchen doch, wenn alle jene Voraussetzungen auch zuträfen, die Summe zu bezahlen wäre, als ein außerhalb der Nation stehendes feindliches Element, welches unersättlich einnimmt gleich einem grundlosen Schlund, Reichthümer in baarem Golde aufhäuft, ohne jemals mit vereinnahmtem Gelde wieder etwas anzufangen? Was von der Stadt nach dem Lande fließt, fließt auch von da in irgend einer Form, nach längerer oder — zum größten Theil — kürzerer und selbst in sehr kurzer Frist, unmittelbar oder mittelbar wieder zurück in den Verkehr, das dürfte wohl ein Jeder einräumen müssen, der sich schon einmal im praktischen Verkehrsleben umgesehen hat; es läßt sich aber auch detaillirt nachweisen.

Nach dem wunderbaren Rechenexempel der Schrift gliche die Nation dem Löwen, der, am Schwanze anfangend, sich selber aufgefressen, daß am Ende nichts übrig blieb. Was hier die Nation angeblich „aufbringt", das bezahlt sie doch nur an sich selbst, im Gegensatz zu zahlreichen Spekulationen des Handels, des Bank- und Börsenwesens. Wird aber diese selbstverständlichste aller Thatsachen einmal zugegeben, so erscheint uns, indem wir einen Schritt weiter gehen, die erwähnte Behauptung erst in ihrer ganzen Hohlheit und Nichtigkeit. Denn wenn man wirklich für die erste kurze Periode diesen Begriff „aufbringen müssen" wollte gelten lassen, so würde dies doch vermöge des alsbald beginnenden Geldrückflusses aus der Hand des Produzenten in andere Hände nichts anderes bedeuten, als eine Vermehrung des Geldumlaufs und daß die „aufzubringenden" 200 Millionen Mark nicht jedesmal neue, sondern jedesmal dieselben 200 Millionen Mark sind, welche eben einfach zwischen Produzenten und Nichtproduzenten mehr als früher kursiren, ihren fortdauernden Kreislauf halten.

Ueber die Wirkung, welche dieser physiologische Vorgang auf die Wohlfahrt aller Klassen haben würde, behalten wir uns vor, zurückzukommen.

Ueber die Vorstellungen des Verfassers der Schrift bezüglich der 200 Millionen Mark ist es schwer, sich ein richtiges Bild zu machen. Daß er sich unter dem Begriff „die Nation müsse es aufbringen" gar nichts gedacht habe, läßt sich doch schlechterdings nicht annehmen, und daß er wirklich selbst daran gedacht habe, die Summe sei jedes Jahr gegen jene $13\frac{1}{2}$ Millionen Einfuhrgebühren aufzubringen und dem Volke verloren, läßt sich doch auch schwer glauben. Jedenfalls befinden wir uns vor einem eigenthümlichen Wirrniß von Vorstellungen. Entweder man dachte an die Gesammtheit des deutschen Volks: dann hat sich der Verfasser ganz bedenklich im Ausdruck vergriffen, denn was die Nation an sich selbst bezahlt, muß sie, dieselbe als Gesammtheit betrachtet, nicht aufbringen, ebensowenig ein Einzelner von Aufbringen sprechen wird, wenn er seine Börse aus einer Tasche in die andere steckt; oder andernfalls dachte man sich — und das ist wohl das Wahrscheinlichere — den Nichtproduzenten im Gegensatz zum Produzenten: ja, dann passen aber die 200 Millionen Mark nicht, und nach seiner Ausdrucksweise müßte sich ja dann auch der Verfasser die Produzenten im Gegensatze zur „Nation" denken. An ganz anderer Stelle und in anderem Zusammenhange erwähnt zwar die Schrift, daß ein Theil der Last wieder auf die Landwirthschaft selbst zurückfallen würde, malt aber nichtsdestoweniger lustig weiter mit der grellen Farbe der „aufzubringenden" 200 Millionen Mark, während doch der Stand des Marktpreises den eigenen Consum des Landwirthes an und für sich absolut unberührt läßt, es für den Produzenten in Ansehung seines eigenen Bedarfs principiell ganz gleich ist, ob der Ctr. Roggen 8 oder 10 Mark kostet, wenn er nicht sonst denkt, bei hohem Preise aus seiner eigenen Einschränkung noch besonderes Kapital zu schlagen.

Nun sind wir bis jetzt noch immer bei der angeblich „aufzubringenden" Summe von 200 Millionen Mark stehen geblieben und haben gezeigt, wie unstatthaft es ist, von einer Jahr um Jahr sich wiederholenden Neuaufbringung im Sinne der Darstellung der Schrift zu sprechen, sind aber damit bei dem Punkte b angelangt, zu prüfen, wie über die ein= für allemal mehr in den Verkehr zu brockende Summe im Engeren zu urtheilen ist.

Vor allen Dingen ist hervorzuheben, daß eine Menge von Bestandtheilen der Summe von 200 Millionen Mark vorweg in Abzug kommt, weil dieselben mit den Lebensmittelpreisen entweder in gar keinem oder doch nur in einem so entfernten und lockeren Zusammenhang stehen, daß von einer Anwendung im Sinne der Darstellung gar keine Rede sein kann.

Die letztjährige Erntestatistik des deutschen Reichs hat einen Gesammternteertrag von 379 Millionen Centner ergeben. Hierzu rechnet die Schrift die angebliche Mehreinfuhr von 27 Millionen Ctr., so daß unser ganzer Verbrauch 406 Millonen Ctr. betrüge. Nun erwähnt zwar die Schrift, daß ein Theil dieser Summe zu technischen Zwecken verarbeitet werde, berechnet aber auch, daß auf den Kopf der Bevölkerung 950 Pfund Getreide als Consum entfallen. Dieser Satz, nackt hingestellt, enthält weiter nichts, was wir an dieser Stelle näher erörtern möchten[1]); allein es erscheint doch ersprießlich, das Verbrauchsverhältniß etwas klarer zu zerlegen.

Die Schrift berechnet selbst, daß für Zwecke der Brennerei und Brauerei zusammen rund 16 Millionen Ctr. Getreide verbraucht werden. Auch für die Fabrikation von Weizenstärke geht etwas ab. Nun ist es ja richtig, daß der Deutsche in seinem Bier auch die Gerste und in der Stärke den Weizen bezahlt.

---

[1]) Nach verschiedenen Ermittlungen veranschlagt man den gesammten Verbrauch an Mehlfrüchten pro Kopf auf mindestens 3,5 Ctr. im Jahre. (Krämer: die gegenwärtige Bewegung des Handels rc., Fühling'sche landw. Ztg. 1874).

Das Höchste, was ein ausgewachsener Mann als ländlicher Arbeiter an Brodfrucht verbraucht, beträgt ca. 7 Ctr. im Jahre, was ziemlich gleich kommt 2 Pfund Brod pro Tag. Frauen, junges Volk und Säuglinge brauchen weniger; ebenso der erwachsene Mann in der Stadt.

Allein bei allen höher verarbeiteten Erzeugnissen verschwindet der Preis des Rohmaterials immer mehr gegenüber dem Preise der Spesen, Arbeitskosten, Steuern ꝛc., so daß Preisschwankungen des Rohstoff's schon horrend sein müssen, um zu bewirken, daß der Preis des Fabrikates fühlbar berührt wird. Zu einem Hektoliter bairisch Lagerbier, wie es in Augsburg und Nürnberg gebraut wird, das halbe Liter nur zu 15 Pfennige, also zu einem Werth von 30 Mark, sind höchstens 90—100 Pfund Gerste im Rohwerth von 6—8 Mark verwendet. Der Preis der Gerste müßte um 25—30 % steigen, um einen Aufschlag für das Glas dieses Bieres um 1 Pfennig zu begründen. Die über Nacht zum Schrecken der gläubigen Menschheit gewordenen 50 Pfennige Zoll — 6 bis 8 % des Werthes — fallen am Preis des Bieres geradezu vollkommen außer Betracht; sie würden einen Mehrpreis von $1/5$ bis $1/4$ Pfennig am Glas begründen, wogegen doch ein Jeder weiß, daß dasselbe Bier von dem einen Wirth für 15 und vom andern für 25 Pfennige ausgeschenkt wird.

Auch haben wir kaum einen Grund, den Hafer, welcher als Pferdefutter verbraucht wird, in die angeblich „aufzubringende" Summe von 200 Millionen Mark miteinzurechnen. Denn die Pferdehaltung — belastet sie auch zum Theil den Staat, einzelne reiche Leute und in sehr geringer Proportion das Gewerbe — ruht doch in der ganzen Hauptsache auf dem Landbau, und Pferdefleisch ist nicht als Nahrungsmittel anzusehen. Wir wollen nicht gedenken der Mengen von Gerste, von Roggen, Weizen und Mais, welche noch als Pferdefutter verbraucht werden. Nach derselben Statistik, auf welche sich die Schrift stützt, sind im deutschen Reich 74 Millionen Ctr. Hafer gebaut worden; dazu kommen 5 Millionen Ctr. angeblicher Mehreinfuhr, und so wären wiederum 79, und oben 16, zusammen 95 Millionen Centner von dem Gesammtverbrauch abzuziehen, wofür also jene 50 Pfennige angeblichen Preisaufschlags, wären sie auch an sich anzuerkennen, nicht den armen Mann treffen, so treffen, wie es dargestellt wurde, daß deshalb die Befriedigung seiner übrigen Bedürfnisse und der Verbrauch gewerblicher Erzeugnisse eingeschränkt werden müßte, und die erschreckliche Summe von 200 Millionen Mark, welche „aufzubringen" ist, reducirt sich schon auf 153 Millionen.

Es kommt das Weitere in Betracht, daß — wie ja die Schrift selbst ausführt, ohne sich jedoch in ihrer wunderbaren Schlußlogik irgendwie beirren zu lassen — von der nunmehr noch übrig bleibenden, im Lande erzeugten Gesammtmenge von Getreide in Summe von 284 Millionen Ctr. nur der kleinste Theil an den Nichtproducenten verkäuflich ist, der größere Theil von denjenigen verbraucht wird, welche unmittelbar von der ländlichen Produktion leben. Daß darunter sehr viele ländliche Arbeiter sind, welche nicht selbst Acker besitzen, kann diese Betrachtung kaum wesentlich abschwächen, da die ländlichen Arbeiter entweder als Gesinde ganz verköstigt werden oder als Tagelöhner und Accordarbeiter theilweise Kost erhalten und mit Naturalien, besonders mit Getreide durch den sogenannten Zehntschnitt, Zehntdrusch 2c., also sogar antheilig nach der Größe der Ernte, Haupttheile ihres Verdienstes erhalten, derart, daß diesen Leuten bekanntermaßen in der Regel hohe Getreidepreise lieber sind wie niedrige. Für ihren eigenen Bedarf ist es ihnen gleichgiltig, für das Wenige aber, was sie oft verkaufen können, ist ihnen der höchste Preis der liebste. Die Methode der überwiegenden oder alleinigen Geldlöhnung, die sich für den Landbaubetrieb gar nicht eignet, ist erst unter dem Einfluß moderner Theorien vielfach eingeführt worden. Da man aber den destruirenden Charakter derselben bald kennen lernte, beginnt man auch dort wieder davon zurückzukommen, wo man erst glaubte, sie verherrlichen zu müssen. Erhalten wird sie sich nur dort, wo industrielle Unternehmungen mit der Landwirthschaft verknüpft sind oder wo der einzelne Landwirth sein eigenes Interesse gleich dem des Arbeiters verkennt.

Welcher Antheil der im Lande erzeugten Backfrucht wirklich in den Producentenkreisen verbleibt, ist nicht genau zu bestimmen, doch als gewiß dürfte anzunehmen sein, daß es die bei weitem größere Hälfte ist. Dies ergiebt sich daraus:

    a) daß die Zahl der direkt vom Landbau lebenden Bevölkerung im deutschen Reich einschließlich derjenigen kleinen Hand=

werfer und Gewerbetreibenden, welche ihr eigenes Brod bauen, nur um Geringes weniger ausmacht, als die Hälfte der Gesammtbevölkerung,

b) daß der Genuß des Brodes und anderer Backwaaren nirgends so überwiegend ist, wie bei der Landbevölkerung.

Daß bedeutende Mengen von Getreide als Viehfutter gebraucht werden, wollen wir nicht in die Betrachtung ziehen, da die Annahme eine Berechtigung hat, daß theueres Futter auch wieder theure Viehprodukte macht, deren Höhe den Consumenten trifft. Doch erwähnt muß werden, daß die Berechtigung dieser Anschauung eine nicht unerhebliche Beschränkung erfährt, indem wir einen höchst bedeutenden Export in lebendem Vieh, in Schlacht= waaren, in Butter und Käse haben. Doch sei der Einfachheit halber hier davon abgesehen.

So würde denn auf die Kreise der Nichtproducenten doch höchstenfalles die Hälfte der in Berechnung zu ziehenden inländischen 284 Millionen, also 142 Millionen Ctr. und außerdem — nehmen wir an die ganze — angebliche Mehreinfuhr von 27 Millionen, also zusammen 169 Millionen Ctr. entfallen. Kommen auf jeden Ctr. davon 50 Pfennige Aufschlag, so machte dies nicht 200, sondern nur 85 Millionen Mark, welche „aufzubringen" sein würden und nicht das fünfzehnfache, sondern kaum über das sechsfache der angeblichen Zolleinnahme. Man sieht also, daß nicht blos die ganzen Grundlagen der Darstellung der Wahrhaftigkeit ermangeln, sondern die Darstelluug selbst in fast allen ihren Einzelnheiten von unverantwortlichen Oberflächlichkeiten angefüllt und nur eine durchaus unbegründete Erregung der öffentlichen Meinung zu bewirken geeignet ist.

Der harmlose, wenig wohlhabende Consument in der Stadt, der gestern sein Stückchen Brod noch mit behaglicher Ruhe aß, befindet sich nach dem Erscheinen der Schrift und nach weidlichem Bekanntwerden ihrer Haupteffekte nun in Aufregung und denkt schon mit Bekümmerniß an die Zeit, wo das Brod theurer werden wird. Tröste Dich einstweilen, lieber Freund und Nachbar; Du hast oben schon gesehen, wie die Summe, welche Du mit

Deinesgleichen „aufzubringen" hättest, zusammengeschmolzen ist, und hast gesehen, daß sie nicht, wie man Dir fürchten gemacht, alle Jahre aufzubringen wäre, sondern, einmal im Verkehr befindlich, stets zu Dir zurückflöße, damit Du sie wieder von Neuem hingeben könntest. Jetzt laß uns aber auch einmal zu Deinem weiteren Troste sehen, um wie viel kleiner das Stückchen Brod künftig sein wird, welches Du um einen Groschen, oder das Du, wie Du willst, um eine Mark bekommst, wenn Du wirklich noch glauben könntest, daß jene Preiserhöhung des Getreides eintrete.

Wisse Freund, Getreide ist noch kein Brod! Bis solches als Brod zu Dir gelangt, haben viele bereits ihren Hunger daran gestillt, und Du bekommst für Dein Geld nur, was übrig blieb. In erster Linie ist es der Handel, der Deine Interessen so liebevoll vertritt, welcher durch großartige und geschickte Spekulationen gar manches Mal den Centner Roggen um weit mehr als um 50 Pfennig zu vertheuern, ohne Noth zu vertheuern gewußt und auch heute noch, nach eigener Angabe der Berliner Börse viel bedeutendere Preisschwankungen erzeugt, Schwankungen, deren Preis sehr oft nicht einmal, sondern zweimal für dieselbe Menge Getreide „aufzubringen" ist. Denn erst und am geeigneten Orte weiß man die Schwankung nach unten herzustellen, und da muß der Bauer bluten; dann am anderen Orte treibt man die Schwankung nach oben, und dann muß der Bürger berappen. Es soll hiermit kein Stein auf den Handel geworfen sein. Der Handel an sich ist ein ehrliches und unentbehrliches Gewerbe und seine Spekulationsmanöver müssen einmal mit in den Kauf genommen werden; sie liegen nicht in seinem eigensten Wesen, sondern in der Natur der Menschen, und der Handel als solcher hat blos die besondere Eigenschaft, dieser menschlichen Schwäche das entsprechende Feld zu bieten. Hier galt es blos, Dir mein Freund zu zeigen, daß Du es oft mit einem ganz respektablen Zoll zu thun hast, von welchem man Dir in der Schrift kein Sterbenswörtchen gesagt, und welchen Du in aller Wirklichkeit bezahlen mußt an eine reiche Gemeinschaft, welche unübersehbare Vermögen sammelt und aufhäuft. Du darfst auch gleich hier nicht vergessen, daß es etwas ganz anderes bedeutet, ob Du Deine 50 Pfennig, oder wie viel es nun eben macht, an den reichen Handelsherrn oder an den Bauern bezahlst. Jener ist schon lange so wohlhabend, daß er, was neu verdient wird, größtentheils zu Kapital häuft; dieser aber, der Bauer, hat noch so unzählige unbefriedigte Bedürfnisse am eigenen Leibe, an seinen Wirthschafts= und Betriebseinrichtungen, und hat noch so viele Hypotheken und sonstige Schulden abzutragen, daß wohl noch viele Generationen hindurch sein ganzer Erlös in der rapide= sten Weise aus seinen Händen verschwindet, um in tausendfachen Formen zwar, aber sicher wieder dem allgemeinen, und zwar fast ausschließlich dem Kleinverkehr zuzufließen.

Hat nun das Getreide alle Stadien des Handels passirt, so ist es immer noch kein Brod. Es geht zur Mühle, vielleicht von hier noch einmal in den Handel und dann in die Bäckerei.

Augenblicklich kostet der Centner Roggen rund 7 Mark. Dieser Betrag geht aber nicht ganz auf den Preis des Brodes über, sondern etwa $1/5$ davon geht ab, um als Kleie vom Bauern zu= rückgekauft zu werden. Es bleiben mithin rund 5,50 als Preis des Rohmaterials zu Brod. Aus dem reinen Brodmehl, welches für diesen Preis aus 100 Pfund Roggen gewonnen wird, ent= stehen rund 100 bis 105 Pfund Brod, da ja das Mehl sehr viel Wasser annimmt, und diese 100 Pfund Brod bezahlst Du dem Bäcker in der Stadt mit 10 Mark, wenn der sogenannte zehnpfündige Laib Brod, der aber nicht immer volle zehn Pfund wiegt, eine Mark kostet. 4 Mark 50 Pfennig, d. h. beinahe das Gleiche des darin steckenden Roggenwerthes, ist der Lohn der Händler, Müller und Bäcker an einem Centner deutschen Roggens, bis Du das Brod bekommst. Es sei uns fern, Jemandem den Lohn seiner Arbeit zu mißgönnen, aber Du wirst Dir, wenn Du einigermaßen Einsicht in das hast, was zum Betriebe des Land= baues gehört, leicht ein Bild machen können, daß — wie groß auch Deine Meinung von dem Reinverdienste des Bauern immer noch sein mag, sein Verdienst gegen jenen verschwindet, und wir glauben, Deine natürliche Gerechtigkeit wird auch ihm einen Lohn seines Schweißes und die Bestreitung seiner Betriebsmittel gönnen.

Du siehst ein, daß ein Auf- oder Abschlag des Roggenpreises um eine halbe Mark von Rechtswegen nicht fühlbar auf den Brodpreis einwirken kann. Denn nach derselben Rechnungsweise gehen von 50 Pfennig Aufschlag am Getreide erst 10 Pfennig als Werth der Kleie ab; die übrig bleibenden 40 Pfennige aber vertheilen sich auf 100 Pfund Brod und es kommt somit auf das Pfund der Betrag von fast genau $\frac{1}{2}$ Pfennig, auf den zehnpfündigen Laib 5 Pfennige.

Freilich ist nun Eines zu bekennen: Nie wirst Du es erfahren haben, daß das zehnpfündige Brod um fünf oder zehn Pfennige billiger wurde, wenn der Roggenpreis um die entsprechende $\frac{1}{2}$ oder ganze Mark herunterging; denn erinnere Dich, daß vor einem Zeitraume, der nur nach Monaten zählt, der Roggenpreis 10 Mark betrug, während das Brod fast genau denselben Preis hatte wie jetzt. Dagegen aber wirst Du allerdings stets eine Steigerung des Brodpreises wahrnehmen, sobald die Preise für Getreide nur wenig „anziehen". Sinkt es dann wieder, so wird der einmal erklommene Brodpreis so lange wie möglich festgehalten. Es ist in unserer spekulativen Zeit, wo die natürlichen Verhältnisse oft geradezu auf den Kopf gestellt werden, also gar nicht einmal zutreffend, daß die Brodpreise überhaupt in einem so subtilen Zusammenhang mit dem Getreidemarkt stehen. Verdrießlich ist es ja, daß der das Brod kaufende Consument dasselbe oft theurer bezahlen muß, als dem Roggenpreis entspricht, aber ungerecht wäre es doch, der Kuh zu zürnen, weil die Wölfe ihr Kalb gefressen.

Wie erscheint Dir jetzt schon, lieber Leser, der erhobene Spektakel über Vertheurung des Brodes durch Auflegung eines Getreidezolles und über die „Beschränkung in dem Verbrauch gewerblicher Erzeugnisse durch die der Nation aufgelegte Last"? Laß uns aber trotz alle dem nunmehr den Beweis antreten, daß die Sache noch ganz anders liegt, indem wir auf unsern Punkt c. (Seite 32) zurückkommen.

Ebensowohl wie aus landwirthschaftlichen, ist auch aus Kreisen der gewerblichen, Industrie- und Handels-Interessen es oft genug ausgesprochen worden, daß, wenn die Landwirthschaft darniederliegt resp. schlechte Zeiten hat, alles stockt, Niemand etwas verdient.

Mit dieser einfach hingeworfenen Behauptung, von wie achtbaren Seiten sie auch immer komme, können wir uns nicht begnügen, wir wollen suchen zu erweisen, wie das zugeht, und dann auch, welche weiteren Folgen dies auf die uns geisterhaft androhende Frage der „Bedrückung der wirthschaftlich Schwächsten" haben muß.

Direkt vom Landbau lebt zur Zeit noch gegen die Hälfte der Gesammtbevölkerung, wenn man die mit hineinzieht, welche zwar irgend einen andern Erwerb noch haben, aber doch Jahr aus Jahr ein ihr Brod bauen. Das Erwerbsinteresse dieser Hälfte ist ein einheitliches, repräsentirt einen bestimmten kompakten Begriff. Das Interesse der anderen Hälfte dagegen löst sich in unzählige Gruppen sich oft zum Theil widersprechendster Art auf; überaus bedeutende dieser Interessengruppen beziehen sich auf Erwerbsgebiete, deren Existenz unmittelbar oder mittelbar davon abhängt, ob der Landbebauer in der Lage ist, Geld ausgeben zu können, eine Frage, von welcher eigentlich fast einzig und allein das Beamtenthum erst in sehr mittelbarer Weise berührt wird. Man wird nicht zu weit gehen, in diesem Sachverhalt den Grund zu suchen, weshalb der Geschäftsmann im Durchschnitt sich gegenüber einer eingehenderen Kenntnißnahme von der Lage der Landwirthschaft weniger abwehrend verhält als der Beamte. Was uns aber außerdem ganz besonders nöthigt, bei dergleichen Betrachtungen gerade vom Landbau auszugehen, ist der Umstand, daß seine Erzeugnisse von Allen gebraucht und ihr Verbrauch nur in engen Grenzen beschränkt werden kann, während der Ge- und Verbrauch aller der Artikel, welche auch der Ackerbauer zu kaufen hat, sich in weit höherem Maße nach dem Wohlstande reguliren läßt.

Denken wir uns ein Staatengebiet, wie das Deutsche Reich, mit einer Bevölkerungsziffer von ca. 42 Millionen, mit einer blühenden Industrie, einem leidlich schwunghaften Handel. Die Hälfte der Bevölkerung gehört den Landbautreibenden an, in die andere Hälfte theilt sich das Beamtenthum, die Träger der Wissenschaften, der Künste, des Handels, und die in zahllosen Industrie- und Kleingewerbszweigen thätigen Menschen. Zur Ernährung dieser ganzen Bevölkerung bedarf es neben den Produkten des Gartenbaus und ähnlichen, weniger massenhaften Erzeugnissen ca. 350 Millionen Centner Getreide, im Werth von 3 Milliarden (3000 Millionen) Mark und außerdem an Fleisch und anderen thierischen Produkten beiläufig denselben Werth; einen gleichen Werth auch an Kartoffeln, Gemüsen u. dgl. Der Gesammtumsatz beliefe sich demnach auf ca. 9000 Millionen oder 9 Milliarden Mark Werth. Ob die Zahl ganz zutreffend, berührt unsere Betrachtung nicht. Angenommen weiter, dieser Consum theile sich zwischen die beiden Hälften der Bevölkerung: die der eigentlich ländlichen und die der übrigen Interessenten in einem für letztere gewiß nicht zu hoch gegriffenen Verhältniß wie 4 : 5, so daß also die Summe von 5 Milliarden Mark den Werth derjenigen Nahrungsmittel repräsentirt, welche der Landbau an die übrige Bevölkerung verkauft. Weiter einen Augenblick gedacht, das betreffende Staatengebiet sei in sich abgeschlossen, habe keine Geschäfts- und Handelsbeziehungen zum Auslande, so ist es auf der Hand liegend, daß die an das platte Land gezahlten 5 Milliarden binnen gewisser Frist von da wieder zurückfließen müssen, damit man wieder von Neuem kaufen kann. Das ganze innere Leben dieses abgeschlossenen Staates beruht also auf dem Aus- und Einströmen, auf dem wechselnden Besitz dieser 5 Milliarden. Das ganze Erwerbsleben der Menschen gleicht einem lebenden Organismus. Der auf beiden Seiten, sowohl im Landbaugewerbe, wie im übrigen Schaffen im Laufe der Zeit angesammelte Wohlstand, der Besitz an Land, an Gebäuden, an Maschinen und sonstigen Gebrauchsartikeln und Werthen ist der organisirte Apparat, der Körper; die Nothwendigkeit der Selbsterhaltung ist das belebende, die Intelligenz der Menschen das vernünftige, leitende Prinzip; die verschiedenen Erwerbsgebiete sind die Kanäle, in welchen, gleichwie im menschlichen Körper das Blut — hier unsere fünf Milliarden — in einem Doppelsystem, als arterielles und als verbrauchtes, circulirt, alle Theile belebt, erfrischt, ernährt, sich selbst aber nicht erschöpft, weil es sich im Landbau immer wieder regenerirt.

Steigen nun die Preise für ländliche Produkte, etwa in einem Verhältniß, welches einer Mark pro Centner Getreide gleich kommt (in unserem Exempel also 9 %), und ist dieses Steigen die Folge von geringen Ernten, so ist das Gleichgewichtsverhältniß gestört; der Landbau empfängt mehr für den Centner Getreide, hat aber desto weniger zu verkaufen; er empfängt zwar seine fünf Milliarden in dem einmal bestehenden Kreislauf, aber ihm wie auch der anderen Hälfte fehlt Brod; es müssen Einschränkungen stattfinden auf beiden Seiten. Denken wir uns dagegen eine Preissteigerung in der Weise, daß dem Landbau wirklich größere Gesammteinnahmen erwachsen, so fließen in diesem Falle mehr wie jene fünf Milliarden nach dem platten Lande hin. Wenn man keine Einschränkungen des Consums annehmen wollte, und unter der Voraussetzung, daß nicht das Meiste in den Händen des Handels verbliebe, flössen statt dieser fünf Milliarden deren etwa 5½ dahin ab. Augenblicklich wird dies von der Städtebevölkerung empfunden werden[1]), da diese halbe Milliarde mehr von ihrem Kapitalstock, ihrem specifischen Gesammtfond gemindert wird; allein auf die Dauer wird eine Schädigung nicht daraus folgen, weil ja Ansammlungen von baarem Gelde auf dem Lande nur in höchst beschränktem Maße stattfinden, um auch dann noch zu irgend einer Zeit doch immer wieder in den allgemeinen Strom einzutreten. Hat der Landmann größere Einnahme, wird er wohlhabender, so verbessert oder erneuert er seine Baulichkeiten, er trägt einen besseren Rock, entschlägt sich mancher früher gewohnten Entbehrung, zahlt seine Zinsen flotter, schafft sich Maschinen und bessere Geräthe an: er giebt eben wieder Geld aus. Nach der Erfahrung läßt sich erweisen, daß bei hohen

---

[1]) Es ist hierbei angenommen, wie es ja theoretisch wohl sein müßte, daß der Getreidepreis unmittelbar regulirend auf den Brodpreis wirkte, obgleich wir oben gesehen haben, daß dies in der Praxis Modifikationen erleidet.

Preisen für die Rohprodukte des Landes im Allgemeinen ein regeres Leben pulsirt, als bei sehr niedrigen Preisen. Wie könnte es auch anders sein? Nehmen wir an, bei einer Gesammteinnahme von fünf Milliarden wäre ein annäherndes Gleichgewicht hergestellt, derart, daß der Landbebauer im Durchschnitt eben gerade mit seiner Einnahme auch seine nothwendigen Baarbedürfnisse für Steuern, Zinsen, für Geräthe, Gebäude, Schule, Kirche 2c. 2c. zu decken im Stande sei. Steigen nun seine Einnahmen um jene $1/2$ Milliarde, so heißt das, diese $1/2$ Milliarde ist aus dem stabilen Zustande fest liegenden Nationalvermögens in den mobilen Zustand übergegangen, ist verflüssigt, die Summe der circulirenden Tauschwerthe vermehrt; diese Vermehrung würde die beträchtliche Höhe von 10 % ausmachen, wenn man nicht annehmen müßte, daß ein (jedenfalls kleiner) Theil der Mehreinnahme nun wieder auf dem Lande auf längere Dauer gefestigt würde. Immerhin wird aber der Geldumlauf ein fühlbar stärkerer, lebhafterer sein, die Geschäfte blühen, es durchdringt das größere Kraftgefühl alle vom Geldumlauf berührten Kreise, ohne daß darum der krankhafte Zustand der Geldentwerthung einträte, welcher die Folge z. B. der Papiergeldfabrikation ist, weil diese Vermehrung des Umlaufs auf Wirklichkeit, nicht auf Schein beruht und darum nicht Alles vertheuernd, sondern den Verbrauch und somit das Wohlbefinden erhöhend wirkt, so lange gewisse Grade des letzteren noch nicht allgemein sind.

Eine vollkommen irrige Ansicht ist es, daß die nächste Folge der Preissteigerung des Getreides nun auch als eine Vertheuerung der Industrieartikel und überhaupt der Lebensbedürfnisse sich geltend machte, so daß der Landbebauer für jedes Einzelne auch wieder mehr bezahlen müsse und somit Niemand etwas gebessert sei. Nur die vollkommenste Unkenntniß der Vorgänge im Volksleben konnte diesen Witz erfinden. Wenn der Bauer mehr Geld hat, so kommt dies dadurch zum Ausdruck, daß der vorher brach liegende Kleinverkehr, mithin auch die Industrie und der Arbeiter überhaupt etwas zu thun haben; daß das Geld, welches vorher fest lag, im Rollen ist. Im Kleinverkehr rollendes Geld ist das Leben; zu Reichthümern aufgehäuftes ist Krankheit. Sinken dagegen die Preise für Landprodukte unter jenes oben bezeichnete Niveau der Bestreitung des Nöthigsten herab, beträgt die Einnahme nicht 5, sondern $4\frac{1}{2}$ Milliarde, so sollte sich wohl das umgekehrte Bild entwickeln, wie es oben gezeichnet wurde: es sollte der Landbauer, um dennoch 5 Milliarden verausgaben zu können, nun seinerseits Werthe verflüssigen, d. h. er sollte — da der Besitz anderer Werthe als in Grund und Boden und des überwiegend nur nothdürftigen Betriebskapitals nicht die Regel ist — seinen Grundbesitz verschulden, wo und soweit er dies nicht schon genugsam ist. Allein in der Wirklichkeit durchgeht das Exempel hier noch eine andere Stufe: die der größeren Entbehrungen, welche sich aufzulegen besonders der kleine Landwirth eine überaus große Befähigung besitzt, obgleich er auch sonst bekanntlich nicht zum Ueberfluß lebt. Hauptsächlich aller Dinge, für welche er baares Geld geben muß, weiß der Landmann in oft unglaublichen Graden sich zu entschlagen, nicht selten auch zum größten Nachtheil des eigenen Wirthschaftsbetriebes. Der belebende Zustrom nach den Gewerbs= und Industrieplätzen ist nun geschwächt, die Erscheinungen allgemeiner Armuth, die man gut mit Blutmangel des Körpers vergleichen kann, treten jetzt schon ein. Sinken die Preise noch weiter, so reichen natürlich die Entbehrungen nicht mehr aus, jetzt müssen neue Schulden gemacht werden. Das durch neue Verschuldung in die Hände der Landbauer gelangende flüssige Kapital verstärkt aber nun keineswegs, wie wir es bei dem oben erörterten Parallel=Exempel gesehen, den belebenden Strom des werbenden Lebens, sondern es dient jetzt nur noch dem Allernothdürftigsten; die Einschränkungen werden sogar, wenn möglich, noch verschärft, das Geschäftsleben stockt ganz.

Ißt der Städtebewohner in dem vorhergedachten Sinne theueres Brod, so ist dies nur ein Zeichen, daß viel Geld in Umlauf ist, vielleicht mehr als unsere oben gedachte ideale Mittel= oder Normalsumme; umgekehrt ist zu wenig im Verkehr zwischen Stadt und Land.

Die hier im Skelett gegebene Darstellung wird noch mehr gelichtet, wenn wir uns vergegenwärtigen, daß Erwerb und Verbrauch in Stadt und Land sich in durchaus verschiedenen Proportionen bewegen. Gesetzt wie oben: die ideale Normaleinnahme der landbautreibenden Bevölkerungshälfte beträgt 5 Milliarden; das heißt ebensoviel als die ideale Normalausgabe der andern Hälfte für Land = Rohprodukte beträgt diese Summe. Was wir als ideale Normaleinnahme bezeichnen, muß wieder zurückfließen; es repräsentirt die Summe, welche, die zwischen beiden Bevölkerungshälften vermittelnden Kanäle belebend, auf= und niederströmt. Mehr als diese 5 Milliarden hat die Landbevölkerung nicht zu vereinnahmen und nicht zu verausgaben. Anders in der Städtebevölkerung: hier ist der Umsatz im Austausch mit dem Lande natürlich derselbe, aber innerhalb ihrer selbst noch nebendem ein ungleich viel größerer. Wir wollen an dieser Stelle blos mit der kurzen Andeutung daran erinnern, daß beispielsweise das deutsche Korn, bis es als Brod zum Genusse kommt, schon allein um beiläufig das Doppelte vertheuert ist. Weit wesentlicher als dieser Gesichtspunkt fallen aber die übrigen Bedürfnisse des Lebens, der Gewohnheit, der höheren Gesittung und des Luxus, sowohl in der Gesammtheit wie im Einzelnen vom Tagelöhner und Fabrikarbeiter bis zum Rentier und Handelsherrn, in die Wagschale. Ein Stadtbewohner, welcher seinen jährlichen häuslichen Ausgabeetat mit 500 Thlr. einstellt, mache sich die Rechnung, wie viel davon auf Getreide, Fleisch und sonstige (Roh=)Produkte des Landbaues kommt und wie viel auf die oben nachgewiesene Vertheuerung dieser Rohprodukte, wie viel ferner auf Wohnung, Kleidung, Getränke, Schulen und alle sonstigen, unzähligen Ausgaben und Bedürfnisse des Lebens. Bei diesem gewiß niedrigen Ausgabeetat wird in der Regel die erste Gruppe von Ausgaben noch das Mindere, zum Wenigsten aber nur selten die Hälfte betragen. Bei den geringsten Einkommen von 200—300 Thlr. stellt sich das Verhältniß, wenn Familie vorhanden, allerdings ungünstiger, wie aber bei allen höheren Einkommen? Sobald sich das Einkommen von 500—600 Thlr. aufwärts erhöht, fängt an die

Ausgabe für Rohprodukte des Landes immer mehr in den Hintergrund zu treten; der Umsatz in anderen sogenannten Bedürfnissen ist ein unverhältnißmäßig größerer, nicht zu gedenken der Milliarden, welche für Handwerkszeug, Geräthe und Maschinen, kurz für Zwecke des Geschäftsbetriebes und endlich für Baulichkeiten mehr umzusetzen sind als man innerhalb des Landbaues darin umsetzt.

Während also der ideale Umsatz zwischen den beiden Bevölkerungshälften die Summe von 5 Milliarden beträgt, im Uebrigen aber auf dem platten Lande an baarem Gelde nur noch weniges kursirt, kursirt innerhalb der andern Hälfte, der Städtebevölkerung (einschließlich der auf dem Lande wohnenden Beamten und Gewerbetreibenden) — man wird nicht fehlgehen — die um ein Vielfältiges größere Summe. Aus der Beobachtung dieser Thatsache erklärt es sich vollkommen, daß hohe Kornpreise, in deren Folge etwa in einem Jahre eine halbe Milliarde mehr auf das Land hinfließt, von der übrigen werbenden Bevölkerung an sich und in deren Gesammtheit nicht drückend empfunden wird, da diese halbe Milliarde in einem verschwindenden Verhältniß zum Gesammtumsatz steht; es erklärt sich auch, daß der Fall sich alle Jahre wiederholen darf, da das Geld auf irgend welchem direkten oder indirekten Wege wieder zurückfließt. Der belebende Einfluß einer solchen Periode auf den alltäglichen Handel und Wandel, und besonders auf Handwerk und Kleingewerbe erklärt sich zu einem andern Theile auch dadurch, daß zu der mehr abfließenden halben Milliarde nicht nur arme Leute, Handwerker und kleine Geschäftsleute beigetragen, sondern — weil diese sich nicht gleich jenen Entbehrungen auflegen und schon an und für sich besser leben — in weit größerem Verhältniß die Reichen, und allerdings auch die Beamten, wogegen das vom Lande zurückströmende Geld fast ausschließlich im Kleinverkehr sitzen bleibt. Es bedeuten also hohe Lebensmittelpreise, so weit sie die Verbrauchskraft des Bauern erhöhen, zugleich eine Tendenz, nivellirend in die Kluft zwischen reich und arm zu treten. Tritt der umgekehrte Fall eines zu geringen Geldabflusses nach dem Lande ein, so erträgt der Landbauer

— weit leichter als der kleinere Geschäftsmann bei theueren Zeiten an Brod — eine Einschränkung in allen den Artikeln, die er kaufen muß; er muß sie schon ertragen, da er ja nicht in andere Register greifen kann, nicht so namhafte andere Mittel flüssig zu machen hat. Der Geschäftsmann aber, welcher dort bei der theuern Zeit seine Rechnung fand, bezahlt hier die Unkosten; denn wenn der Bauer wegen Geldmangel nicht vom Schnittwaarenhändler kauft, so kauft er auch nicht vom Sattler, wenn aber bei diesem das Geschäft stockt, dann kauft auch er keine Schnittwaaren, und wenn beide keinen Absatz haben und allen anderen Gewerben es ebenso geht, so haben die Fabriken nichts zu thun, die Löhne werden herabgesetzt oder es wird die Arbeitszeit beschränkt; die Kanäle sind eben blutleer, der ganze Volksorganismus ist krank und das „billige Brod" wird das theuerste, weil Niemand es zu bezahlen weiß.

Es ist überflüssig, für die Richtigkeit dieser Ausführung Beispiele speziell aufzuführen, jeder Geschäftsmann, welcher einigermaßen aufmerksam und mit offenem Geiste den Bewegungen des Geschäftslebens zu folgen gewohnt ist, weiß den Sachverhalt aus seiner eigenen Erfahrung zu bestätigen. So sehen wir denn das schreckliche Gespenst hoher Getreidepreise, wo und soweit diese in Wirklichkeit die Gesammteinnahme des Bauern berühren, in Nichts zusammensinken und sehen an dessen Stelle ein beruhigendes Bild von mehr realer Wahrheit treten. Wir sehen, daß gerade die „wirthschaftlich Schwächsten" nur dann, wenn der Bauer existiren kann, dauernd erwerbsfähig bleiben; blüht aber das Klein=Gewerbe, so blüht wieder die Industrie und der Handel; das reichlicher bemessene cirkulirende Blut strömt in allen Fasern, an Stelle der Schlaffheit und Erschöpfung tritt ein straffes, gesundes, fleißige Leben und dem Arbeiter fiele es nicht schwer, das zehnpfündige Brod um viele Pfennige theurer zu kaufen, wogegen es ihm bei Arbeitsmangel und niederen Löhnen um jeden Preis zu theuer ist. Gerade das Kleinkapital, der Kleinhandel und das Kleingewerbe, welche vom vornehmen Großunternehmen mehr und mehr zu Grunde gerichtet werden, sollten in einem wohlhabenden

Bauernstand ihren einzigen, sie konservirenden Schutz noch anerkennen und schätzen. Aus unserer Darstellung erklärt es sich vollkommen, daß bei den niedrigsten Kornpreisen die Armuth und Noth der Städte, namentlich im Kleinverkehr, eine weit größere als bei den höchsten Kornpreisen ist, daß Handel und Wandel stocken, Fabriken ihre Arbeit einschränken, zahllose Arbeits- und Kapitalskräfte brach liegen und der Hunger in den Städten einkehrt, wenn der Bauer ein paar Mißernten nach einander macht, während uns die Länder des fernen Ostens billiges Brod schaffen, oder wenn der mehrjährige Ernteüberfluß großer Ländergebiete einmal so groß, daß der Kornpreis kaum noch die Marktfuhre lohnt[1]).

Freilich hat es nun wieder eine vollkommen umgekehrte Wirkung, wenn eine Getreide- oder Brodvertheuerung lediglich das Werk der Handelsspekulation ist; hier wird der „aufzubringende" Mehrbetrag nicht wieder in die allgemeine Verkehrsmasse zurückgeführt, sondern zu Kapital gehäuft, welches sich dem gemeinen Verkehre entzieht, und Bürger und Bauer leiden gleich hart darunter.

Dem Volke billiges Brod zu schaffen, ist denn auch nicht die vornehmste und bestverstandene Aufgabe und die Kunst des weisen Staatsmannes, sondern das innere Volksleben so zu reguliren, daß es allen Klassen möglich ist, an dem komplicirten Kanalnetz des Geldkreislaufs ihre Schaffenskraft zu befruchten, damit ein jeder sich das tägliche Brod erwerben kann. Nach jener Theorie vater-

---

[1]) Beispiel aus den 20iger Jahren. Es ist eine merkwürdige Erscheinung daß man den Städtebewohner wohl sehr oft und angelegentlich nach dem Stand der Ernte fragen hört; fast nie aber nach der wirthschaftlichen Lage des Landbaues; im Gegentheil, ein reiches Grün der Fluren scheint er oft fast so zu beurtheilen, als ob die Natur es mit dem Bauern zu gut gemacht habe. Man geht dabei offenbar von dem engbegrenzten Gesichtspunkte aus, daß die Ernte einen Einfluß auf den Preis der Nahrungsmittel habe, macht sich aber nicht immer klar, in welchem bedingenden Verhältniß die gesammte Prosperität des Landbaues, welche durchaus nicht allein von den Ernten bestimmt wird, zum allgemeinen Volkswohlstande steht.

(Franz, der deutsche Landbau und seine gegenwärtige Lage im Industrie- und Handelsstaat. Weimar 1874).

landsloser Handelsinteressen, welche sich unter dem Scheine des Monopols der Volksbeglückung schmeichelnd dem Volke nähert, wäre es kein Ding der Unmöglichkeit, daß wir unsern Getreidebedarf eines Tages nahezu ganz vom Auslande bezögen. Hei, wie würde da die Schifffahrt, das Eisenbahn= und das Aktienwesen blühen, wie viele Millionen würde ein jeder unserer Geld= und Handelsfürsten zu Millionen häufen, wie würde man von Neuem Paläste bauen, wie würde da wieder das Handwerk blühen und auf den Ruinen geborstener Gründerdenkmale neues Leben sprießen. Und das beste von Allem, das Getreide, für welches jetzt die Nation ca. drei Milliarden „aufbringen" muß, kostete im günstigen Falle vielleicht nur zwei Milliarden oder weniger.

Aber ein Rechenfehler ist doch in der Geschichte: Die zwei Milliarden blieben ja nicht im Lande, sie gingen in's Ausland, gingen alle Jahre in's Ausland; und weil das Ausland nicht dieselbe Ansicht hat, wie unsere „Theoretiker", kämen die drei Milliarden auch nicht wieder von dort zurück; sie würden in aller Wirklichkeit Jahr um Jahr immer von Neuem „aufzubringen" sein! Möge auch der übrige deutsche Erwerbsfleiß viele Hunderte von Millionen jährlich vom Auslande durch Export zu erlösen in der Lage sei, das wird uns aber doch Niemand ernstlich einreden wollen, daß es etwas Leichtes sei, so viel der Erzeugnisse unseres Fleißes zu exportiren, um alles das zu bezahlen, was wir so wie so jetzt schon vom Auslande selber beziehen und auch noch diese Milliarden.

Nach Otto Hübner's statistischer Tafel betrug die Gesammteinfuhr des deutschen Reichs in allen möglichen Gegenständen noch für das Jahr 1873 die Werthsumme von 1890 Millionen Mark, wogegen die Ausfuhr mit dem Werthe von 1770 Millionen Mark angeschrieben ist. Mithin zeigte die Statistik ein Deficit von 120 Millionen Mark. Die Bilanz des Jahres 1876 ergab bei einer Einfuhr von 4237 und einer Ausfuhr von 2490 Millionen ein Deficit von über 1700 Millionen Mark, während man das durchschnittliche Deficit der letzten 10 Jahre auf rund 1200 Millionen

Mark per Jahr veranschlagt. Das sind nun allerdings erschreckende Zahlen, von welchen man denken sollte, sie müßten solchen Statistikern und Staatsmännern, welche, wie der Verfasser der bewußten Brochüre über Deutschlands Getreideverkehr, selbst an die Zahlen zu glauben scheinen, weit fruchtbarere Objecte der Beschäftigung darbieten, als die reine Bagatellfrage der Getreidezölle, wenn ihnen nicht ganz andere Interessen als die der deutschen Nation zu Herzen gehen. Da verschwendet man Geist und Mühe und beunruhigt das Volk um magere hundert Millionen, welche dem inländischen Verkehr niemals verloren gehen können, aus reiner Besorgniß um die wirthschaftlich Schwächsten, fragt aber nicht, wie unser armes deutsches Volk es anfängt, alle Jahre Milliarden an das Ausland zu verlieren. Wir für unsern Theil glauben indessen nicht an den normalen Charakter der Zahlen. Dieselben Betrachtungen, welche uns den Beweis an die Hand gaben, daß die 27 Millionen Centner angeblicher Mehreinfuhr an Getreide im Wesentlichen bloß auf die in progressiver Steigerung begriffene Unbrauchbarkeit der Zahlen der Ausfuhrstatistik zurückzuführen sind, lehren uns auch, diese Deficitsummen vor der Hand noch nüchterner beurtheilen, obgleich wir sie immerhin für ernst genug halten, den lauten Mahnruf nach solchen Einrichtungen daran zu knüpfen, welche uns zu einer brauchbaren Buchführung über das deutsche Handels- und Verkehrswesen führen können.

Theils mögen es abnorme Verhältnisse, noch im Gefolge des französischen Milliardensegens, der Umgestaltung unseres Münzwesens und ähnlicher Vorgänge sein, theils mag es die zunehmende Unzuverlässigkeit der Anmeldung der Ausfuhrwerthe begründen, daß uns Deficitsummen von so erschreckender Größe zu Gesicht kommen. Jedenfalls aber sind die Zahlen nicht zu gebrauchen, um von ihnen als von normalen Größen bei einer allgemeinen Betrachtung auszugehen.

Wollen wir, auf unsere Brodfrage zurückkommend, einmal von der immerhin nicht unwahrscheinlichen Annahme, die ja eigentlich die Norm bilden müßte, ausgehen, daß sich die Einfuhr in normaler Zeit mit der wirklichen Ausfuhr eben gerade balancirte und wollen die Werthgröße der Ein- und Ausfuhr zu einem Mittelbetrag von 3000 Millionen Mark auf jeder Seite veranschlagen. Gewiß hat die Vorstellung eine Berechtigung, daß diese Summe nur ein Bruchtheil solcher mehr oder minder unentbehrlichen Artikel einschließt, bezüglich deren wir wirklich auf das Ausland angewiesen sind. Es geht dies schon daraus hervor, daß unsere angeschriebene Gesammteinfuhr 1876 die Summe von 4200 Millionen, 1873 dagegen bloß 1900 Millionen Mark betrug. Unser Bedarf kann sich in drei Jahren nicht so verändert haben, und auch in der kleineren Summe vom Jahre 1873 liegen doch noch Mengen von Objekten, bezüglich deren wir das Ausland ganz füglich entbehren könnten. Damit ist gesagt, daß unsere Einfuhr doch in sehr weiten Grenzen nach der Ausfuhr regulirbar sein muß und ganz gewiß auch Regulirungen erfährt, welche es nicht leicht dahin kommen lassen, daß wir dauernd mit besorgnißerregender Unterbilanz arbeiten werden, so lange wir noch unser eigenes Brod bauen.

Denn stocken einmal die Geschäfte, d. h. stockt der Export, so wirkt dies auch sehr schnell darauf zurück, daß wir weniger in Artikeln des Auslandes vernaschen. Niemals stockt alles, viele Exportzweige fahren fort zu arbeiten und zu verdienen, und die anderen fangen nach überstandener Krisis wieder an. Jahre haben wir vielleicht mit Unterbilanz gearbeitet; leicht ereignet es sich, daß wir schon im nächsten Jahre Ueberbilanz haben. Jede derartige Krisis wird überstanden, oder das Leben regulirt sich darnach, ebenso wie unser Körper, wenn wir aus der warmen Stube in's Freie treten, nach einigem Frösteln sich in ein gewisses Gleichgewicht der Wärmeabstrahlung setzt.

Ganz anders stellt sich die Sache in dem Augenblick, wo wir anfangen, neben allen den hundert anderen Artikeln, auch noch Brod vom Auslande zu kaufen. In allen den vielen Artikeln, in welchen wir thatsächlich auf das Ausland angewiesen sind, beträgt der eintheilige Gesammtumsatz vielleicht kaum über 1000 Millionen Mark; ganz allein in rohen Landbauprodukten beträgt aber der jährliche unabwendbare Verbrauch, wie wir oben ziemlich mäßig angenommen, 9000 Millionen Mark. Wenn erst hier einmal anfängt ein Mangel einzutreten, dann reißt es Lücken, welche man nicht so bald mit Solinger Eisen- und Stahlwaaren zustopft. Wäre es nun allein richtig, daß wir, wie die Handelsstatistik anscheinend darthut, zur Zeit 27 Millionen Centner Getreide vom Auslande kaufen müßten, so wären dies allein schon 180 bis 190 Millionen Mark, die uns alle Jahre zuverlässig fehlten. Auch wenn das zehnpfündige Brod für den Arbeiter noch um weitere zehn Pfennige billiger wäre, so möchte doch in starke Zweifel zu ziehen sein, ob unser Industriefleiß, welcher — angenommen — noch vor vier, vor sechs oder acht Jahren eben gerade die nationale Ausfuhr mit der Einfuhr balancirte, jetzt auf einmal im Stande wäre, diese 180 Millionen Mark dem Auslande mehr abzuringen, besonders wenn in Folge zu geringen Kapitalumsatzes hier im Inlande selbst alles stockt. Für's Ausland vermag doch immer nur der zu arbeiten, welcher billig arbeitet; billig arbeitet aber nur, wer vollauf Beschäftigung hat; mithin bedingt das schwungvolle Leben im Innern auch den Export. Die Blüthe im Innern ist aber wieder nur möglich, wenn man dem Bauern gönnt zu bestehen. Es ist ebenfalls wieder eine jener, wenn nicht ganz und gar falschen, so doch nur mit großer Beschränkung anwendbaren Deduktionen, wenn man heute so oft behaupten hört: „blüht die Industrie, so geht es auch der Landwirthschaft gut." Hier beißt sich wieder einmal der Fuchs in den eigenen Schwanz. Die Landwirthschaft ist das stabile, die Industrie das mobile Prinzip im Volksleben, und nie ist es gehört worden, daß ein Baum, der reiche Früchte trägt, dadurch besonders gekräftigt werden soll. Trägt er sie, so ist das nur ein Zeichen dafür, daß er erst kräftig war, und sobald er aufhört dies zu sein, werden bald die Früchte aufhören an ihm zu prangen. Ja, eine unauflösbare Wechselwirkung besteht freilich zwischen dem Blätterreichthum der Krone und dem Wurzelvermögen des Stammes. Es ist nicht zu leugnen, wenn alle Welt wohlhabend ist, so genießt man allgemein mehr Fleisch, edlere Gemüse rc. Allein das ändert nichts daran, daß der deutsche Landwirth z. B. jetzt für sein Hauptprodukt, das Getreide, doch nicht mehr nimmt, als er vermöge der Ueberführung des Marktes durch das Ausland und vermöge der Differenzialtarife der Eisenbahnen bekommt; trotz des höheren Fleischkonsums verarmt der Landwirth und nach dem oben dargelegten Gesetz des Geldumlaufes hört dann bald alle Welt auf, wohlhabend zu sein, selbst wenn man es jetzt zum Ueberfluß hätte. Wie vom Ernährungsvermögen des Stammes die Frucht, so geht von der Landwirthschaft Armuth und Wohlstand aus. Alle Güterwerthe, und wären es Reichthümer, welche ein Volk auf dem Wege der soliden Arbeit jemals erworben hat, haben ihren letzten Ursprung in der Arbeits= und Erfindungskraft des Einzelnen; diese aber knüpft sich, wie das Leben überhaupt, an die Ernährung des Individuums und dazu muß das Land bebaut werden. Man spricht zwar mit Vorliebe davon, daß nur Industriestaaten wohlhabende Staaten seien. Dies kann aber an der Wahrheit des Gesagten nichts ändern. Gewiß, der Industrie=, der Gewerbefleiß der Menschen erzeugt Objekte, welche theils kurz vorübergehenden, theils lange dauernden Werth haben. Indem sie geeignet sind, das Wohlbefinden der Menschen zu befördern, erlangen die erzeugten Objekte die Qualität volkswirthschaftlicher Güter, und im Laufe der Jahrhunderte können sich so viele Güter dieser Art ansammeln, daß man bald von größerem Wohlbehagen und von Wohlstand spricht. Das Alles hat erst die Industrie erzeugt — aber nur erzeugt, nicht auch erschaffen. Was wir unsern begründeten Wohlstand im industriellen Staate nennen, ist nichts Anderes, als die seit vielen Jahrhunderten angesammelten Produkte der Arbeitskraft, welche wir zum Mindesten in ihrem materiellen Theil immer wieder nur auf die Ernährung zurückführen müssen. Dieser Wohlstand oder diese Güteransammlung kommt zum fühlbaren Ausdruck auf das allgemeine Wohlbefinden, indem die Güter, soweit sie nicht als Grundstock zur weiteren Gütererzeugung mit dienen, zum Verbrauch gelangen. Das Maß der Güternutzung im volkswirthschaftlichen Sinne bedingt das Maß des materiellen Wohlbefindens. Nun ist es aber eine charakteristische Seite des Wohlbefindens, daß, was uns gestern Wohlbefinden war, morgen Gewohnheit und übermorgen mehr oder minder nothwendiges Lebensbedürfniß ist. Darum haben wir auch nicht das Gefühl des Wohlbefindens, wenn wir heute zu dem zurückkehren müssen, was uns vor Jahren noch sehr befriedigte. Zurückkehren muß aber Jedermann, sobald der Ackerbauer verarmt. Denn der Verbrauch national=ökonomischer Güter, der das Wohlbefinden erst begründet, beruht ebenso wie deren Neuerzeugung auf dem Geldumlauf. Für den normalen Umlauf des Geldes in allen Schichten ist aber die Normalität der Preise der rohen Landprodukte maßgebend, weil sich an sie ein Mehr oder Weniger des Umsatzes von Milliarden knüpft; von Milliarden, welche festliegend nur todte Massen sind. Es macht, wie wir oben gesehen haben, schon einen entscheidenden und auf das ganze Volksleben einflußreichen Unterschied, ob der Landbebauer eine halbe Milliarde über oder eine halbe Milliarde unter der normalen Tauschsumme vereinnahmt und verausgabt. Was bedeutet dagegen das momentane Darniederliegen oder die Blüthe irgend eines Export=Industriezweiges? Der Ackerbau ringt erst dem störrischen Boden diejenigen Werthe ab, welche, in Arbeitskraft umgesetzt, jede weitere Gütererzeugung begründen. Und wie von Hause aus die Gütererzeugung sich naturgesetzlich auf den Ackerbau zurückführt, so auch in der Folge die Regulirung desjenigen Güterumlaufs, welcher das Leben bedeutet, auf die Ackerbauer; denn sie bilden einen kompakten Körper von Consumenten für die Produkte des übrigen Fleißes, der allein durch das „Wie" seines Erscheinens auf dem Markte über Stockung oder mobiles Leben zunächst im Kleinverkehr und von da mit progressiver Fortpflanzung in allen Richtungen entscheidet.

Kommen wir noch einmal auf den Inhalt der Brochüre „Deutschlands Getreideverkehr" zurück, so haben wir zu erwähnen, daß noch mancherlei unrichtige Anwendungen gegebener Daten zu beleuchten sein würden, welche jedoch mehr nebensächlicher Art sind und für uns kein Interesse mehr haben. Doch das Eine noch gehört nothwendig und wesentlich in den Rahmen unserer Betrachtungen, daß die Schrift, indem sie der gegenwärtigen größeren Leistungsfähigkeit der deutschen Landwirthschaft eine Anerkennung zollt und berechnet, daß in Deutschland gegenwärtig

54 Millionen Centner Getreide mehr gebaut werden, wie zu Ende der dreißiger Jahre, sich bemüht, damit nachzuweisen, daß die deutsche Landwirthschaft in der That „nicht zurückgegangen" sei. Wir können nicht einsehen, wozu dieser Beweis dient. Daß die Landwirthschaft zurückgegangen sei, hat unseres Wissens noch kein Sterblicher behauptet. Dieselbe ist in ihrer Technik vorgeschritten, entschieden vorgeschritten und das weiß alle Welt. Was beklagt wird, ist nur, daß sie sich trotz aller Verbesserungen im Betriebe in einer schwer gedrückten Lage befindet, daß sie nicht soviel für ihre Produkte einnimmt, um von den Hilfsmitteln der besseren Kultur einen ausgiebigen Gebrauch machen zu können, und daß es anfängt sie sehr ernst zu beschäftigen, ob sie es ferner auch nur in demselben Umfange wie seither wird können. Der Verfasser der Broschüre giebt weiterhin der Vorstellung Ausdruck, es hätten noch 4 Millionen Centner Weizen mehr geerntet werden können, wenn nicht allmälig 140,000 Hektaren des besten Bodens dem Getreidebau zu Gunsten der Kartoffel- und Rübenkultur entzogen worden wären. Wir wollen ihm aus dieser Anschauung keinen Vorwurf machen, denn offenkundig steht er der Kenntniß des Landbaues vollkommen ferne. Es gehört aber nothwendig zur Sache, hier die Auffassung dahin zu berichtigen, daß wir jene 54 Millionen Centner, welche angeblich mehr erzeugt werden wie früher, nicht mehr erzeugen „trotzdem", sondern überwiegend eben „weil" jene Flächen und noch weit größere dem Hack-Fruchtbau und andere große Flächen dem Futterbau zugewendet worden sind. Vorzüglich ist es der Hackfruchtbau, welcher das Wesen der höheren Bodenkultur mit ausmacht und das Land befähigt, auf der kleineren Fläche mehr zu tragen, wie ehedem auf der größeren. Aber dieser Erfolg ist zu einem nicht minder wesentlichen Theil auch abhängig von der Bodenmelioration, der Tiefkultur und der reichlichen Anwendung künstlicher Düngemittel, so daß dem Landwirth noch nichts dabei geschenkt ist, wiewohl die Brodversorgung der Nation für das nächste Jahrhundert noch keine Sorgen bereiten würde, sobald nur der Landwirth in der Lage ist, sich die Hilfsmittel zu Nutze zu machen. Viele Hundert-

tausende Hektaren Landes harren der Drainage, Hunderttausende der regelrechten Bewässerung; unser Umsatz in künstlichen Düngemitteln kann noch auf das Vielfältige des gegenwärtigen Umsatzes gesteigert werden; dem Segen eines vernünftigen Fruchtfolgesystems sind noch überaus große Theile desjenigen Landes nicht unterworfen, welches sich im Rustikalbesitz befindet. Zu alle Dem gehört aber Geld und Arbeitskraft, und wenn der Landwirth diese nicht aufwenden kann, nun so läßt er es eben sein, und wir kaufen das Brod vom Auslande. Die Verfechter des Freihandels à tout prix sprechen ja mit großer Ueberlegenheit davon, man müsse immer da kaufen, wo es am billigsten sei. Wir erkennen den Grundsatz bedingungsweise an. Der andere Grundsatz dürfte aber jedenfalls durchschlagender sein, daß man überhaupt nur kauft, so lange man Geld hat, und wie es sich mit diesem Punkte gestalten kann, wenn man den ersten Grundsatz als ein unter allen Umständen unantastbares Evangelium befolgt, glauben wir genugsam beleuchtet zu haben.

Man sieht, wohin Theorieen führen, sobald sie außer Fühlung mit den praktischen Verhältnissen treten.

Wir sind unsererntheils bisher — wie dies an anderer Stelle präcisirt ist — durchaus nie Anhänger eines grundsätzlichen Schutzzollsystems gewesen und verharren auch noch auf diesem Standpunkte. Dessen unbeschadet müssen wir aber bekennen, daß die Schrift über „Deutschlands Getreideverkehr", welche der Verein zur Förderung der Handelsfreiheit als Ouvertüre zu einer in Aussicht gestellten Reihenfolge kennzeichnet, auf unsere Gesammtauffassung über das Wesen der Handelsinteressen einen geradezu erschütternden Eindruck gemacht hat, insofern, als sich uns eine Perspective in die denselben innewohnende volkswirthschaftliche Tendenz eröffnete, von einer Tiefe, an die wir nie vorher zu glauben gewagt. Als wir die Schrift zur Hand nahmen, und nach Dem, was viele Zeitungen schon voraus über dieselbe berichtet hatten, hofften wir, eine objective, auf dem Grunde volkswirthschaftlicher Forschung und tiefer Erkenntniß der Natur des Volkslebens ruhende Untersuchung zu finden, welche geeignet sei, in die so schwierigen und der Aufklärung so bedürftigen Fragen Licht zu bringen; unsere Enttäuschung war eine erschöpfende nach allen Richtungen und unser Endresultat aus dem Studium der Schrift, daß unser Vertrauen in die Selbstregulirung des Erwerbslebens der Nation eine wunde Stelle mehr erhalten hat, und es unsere Ueberzeugung erst ganz befestigt hat, daß es einer starken, hoch über dem Niveau kleinlicher Interessen stehenden Hand gerade jetzt bedarf, die sich wachend und schützend über dem Wohl und Wehe der Nation ausbreitet, um sie glücklich durch alle die Fährlichkeiten des gegenwärtigen Interessenkampfes hindurchzuführen. Und von solcher Hand, welche jederzeit bereit ist, redlich zu prüfen, würde selbst ein wirthschaftlicher Fehlgriff nicht das Schlimmste sein, was die Nation treffen kann. An berufenere Männer der reinen und unverfälschten Wissenschaft, die ein Herz für ihr Volk und für die Wahrheit haben, tritt aber die ernste Mahnung, Licht zu schaffen, wo es dunkel ist.

IV.

Zum Schlusse bleibt noch übrig, aus unsern Untersuchungen und Betrachtungen ein Resumé zu ziehen und wir haben somit folgende Ergebnisse kurz festzustellen:

1. Nach Kenntniß der thatsächlichen Verhältnisse, und insbesondere nach vergleichender Prüfung der Ergebnisse der Handelsstatistik und der gleichzeitigen Bevölkerungsbewegung sind begründete Bedenken zu erheben gegen die Richtigkeit der Angabe einer Mehreinfuhr von Getreide in der angegebenen Höhe von 27 Millionen Centnern; diese Bedenken finden in mehrfachen Aeußerungen des Kgl. statistischen Amtes in Berlin ihre positive Bestätigung. Schon auf Grund der erwähnten Unterlagen ist fast mit Sicherheit anzunehmen, daß die Mehreinfuhr, wenn überhaupt eine solche stattfindet, nur einen kleinen Bruchtheil jener Summe erreicht. Dagegen werden eingehendere Specialuntersuchungen oder die durch Einführung einer Controlgebühr zu gewinnenden zuverlässigeren

Beurtheilungsmomente erst zu ergeben haben, ob nicht im Gegentheil wir noch Getreide an das Ausland abgeben¹).

> Jede Berechnung eines wahrscheinlichen Zollabwurfs für die Reichskasse ist mithin zur Zeit noch unzulässig, da nicht übersehen werden kann, wieviel von dem als Einfuhr rechtmäßig gebuchten Getreide im Lande verbleibt, um dagegen eine Ausfuhr deutschen Produktes zu bewirken, und wie viel auf den Durchgangsverkehr entfällt.

2. Wollte man jedoch die Annahme einer Mehreinfuhr von 27 Millionen Centner Getreide dessenungeachtet noch als richtig gelten lassen, so wäre es

A. dem Bereiche aller denkbaren Wahrscheinlichkeit entrückt, anzunehmen, daß eine Zollauflage von 50 Pfennigen pro Centner einen naturgemäß wirkenden Einfluß auf den Preis — weder des im Lande erzeugten, noch des eingeführten Getreides — auszuüben vermöchte; vielmehr sprechen alle Gesichtspunkte dafür, daß der Zollaufschlag lediglich vom Auslande getragen werden würde, welches nach wie vor die Ueberfluthung des deutschen Marktes bewirkt.

Es ist denn auch der Glaube, daß mit einer solchen Auflage der deutschen Landwirthschaft irgend etwas zu speciellem Danke genützt sei, entschieden von der Hand zu weisen. Sind schon 50 Pfennig (= 10 Mark pro Wispel), welche der Landwirth etwa wirklich pro Centner mehr erhalten sollte, nicht geeignet, mit einem besonders fühlbaren Gewicht in seine Einnahme zu fallen, so sind es die 50 Pfennig, welche er nicht bekommt, gewiß noch weniger; die Menschen glauben aber, daß er reich daran werde, und belasten sein Conto um das vielfache des nicht erzielten Vortheiles.

Nichtsdestoweniger ist die Auflage eines geringen „Zolles", für den wir übrigens angesichts der projektirten Höhe

---

¹) Es sei an dieser Stelle blos darauf hingewiesen, daß die Erntestatistik zu dieser Berechnung keine ohne Weiteres brauchbare Unterlagen darbietet, insofern als dieselbe eine jedenfalls um viele Millionen Centner zu niedrig gegriffene Schätzung darbietet.

(25 Pfennig für Roggen) lieber die Bezeichnung „Controlgebühr" eingeführt wissen möchten, in hohem Grade wünschenswerth, damit man einmal in die Lage komme, Deutschlands Getreideverkehr mit dem Auslande zuverlässig beurtheilen zu können.

Aber auch noch weiter das Undenkbare zugegeben, daß die Handelsspekulation im Stande wäre, den Preisaufschlag ganz oder theilweise auf das deutsche Volk abzuwälzen und damit zugleich die ganze inländische Produktion um denselben Betrag pro Centner zu vertheuern, so wäre

B. die Behauptung, „die Nation" müsse den 15fachen Betrag des zu erwartenden Zollertrages, also 200 Millionen gegen angebliche 13½ Millionen Mark „aufbringen", doch noch mindestens eine arge Ungehörigkeit. Als wahr bliebe vielmehr an dieser Behauptung nur:

a) daß die 13½ Millionen Mark Zolleinnahme, sich alle Jahre wiederholend, in diesem Falle, anstatt vom Auslande getragen zu werden, mit dem Charakter einer indirecten (Consumtions=) Steuer auf der Gesammtbevölkerung, einschließlich der Landbebauer, ruheten,

b) daß die angebliche Preiserhöhung im Gesammtbetrag von 200 Millionen Mark mit 8 Millionen das Brennerei- und Brauereigewerbe, mit ca. 40 Millionen die Pferdehaltung (also in der Hauptsache den Landbau selbst), mit mindestens weiteren 76 Millionen zum Verbacken — wiederum die Produzentenkreise — und erst mit dem Rest von gleichfalls 76 Millionen Mark den Nichtproduzenten treffen würde,

c) daß aber diese den Nichtproduzenten treffende Summe von 76 Millionen Mark keineswegs alljährlich „aufzubringen" sein würde, sondern einmal in den Geldkreislauf gebracht, in irgend welchen Gestalten wieder vom Lande zurückkehren müßte, um in dauerndem Wechselspiel von Neuem hingegeben zu werden.

3. Eine als wirklich angenommene Preisdifferenz von 50 Pfennig

auf den Centner Getreide ist höchstens im Stande, eine Differenz von 5 Pfennig auf das zehnpfündige Brod zu begründen (bekanntlich sind aber für Roggen, die Hauptfrucht, nur 25 Pfennig in Aussicht genommen).

4. Die vollkommenste Verkennung der physiologischen Vorgänge im Volkskörper schließt die Behauptung in sich, eine Preiserhöhung des Getreides (soweit diese nicht durch die Handelsspekulation hervorgerufen wird, sondern dem Produzenten zufließt) träfe die „wirthschaftlich Schwächsten" am stärksten und bewirke Einschränkungen in der Befriedigung anderer Bedürfnisse und dem Verbrauch gewerblicher Erzeugnisse. Wo viele Milliarden — d. h. viele Tausende von Millionen — alljährlich auf- und niederströmen, könnte ein Mehr oder Weniger selbst um hundert Millionen und mehr überhaupt keine so mächtigen Bewegungen hervorrufen; man könnte mit besserer Begründung „darüber hinwegsehen", als es die Schrift des Vereins zur Förderung der Handelsfreiheit mit den Ungenauigkeiten der Handelsstatistik gethan. Allein die Tendenz der Bewegung muß, wenn auch die letztere unmerklich wäre, doch festgestellt werden, und da sind wir zu dem Resultat gekommen, daß grundsätzlich zutreffend nur das Gegentheil von alle Dem ist, was die Schrift angiebt. Indem wir mit gutem Grunde davon ausgingen, daß die Preise der feineren Nahrungsmittel (thierische Produkte 2c.) sich in der Regel fast sicherer — wenn auch bisweilen langsam — nach dem Roggenpreis mit reguliren als die Brodpreise selbst, haben wir gesehen, daß zu dem für einen Augenblick eingeräumten Mehrerlös des Produzenten der Reiche auf die Dauer nach Verhältniß mehr beiträgt, als der Arbeiter und Handwerker; wir haben gesehen, daß auf dem Lande für die nächsten hundert Jahre noch keine Aussichten sind zu enormen Kapitalanhäufungen; und daß voraussichtlich solche überhaupt nie vorkommen werden, ist wohl anzunehmen; wir sehen daraus, daß das Geld zurückfließt und zur Belebung des vom Großkapital niedergedrückten Kleinverkehrs dienen wird, daß das im Kleinverkehr freudiger pulsirende Leben zurückwirkt auf Fabrik, Industrie und Handel, ein kräftigeres Leben in allen Adern schlägt,

wenn diese straff gefüllt mit dem rollenden Element, als wenn sie an abnormer Leere leiden.

5. Wiederum nur eine vollkommene Verkennung der Verhältnisse konnte die Vorstellung erfinden, ein dem Landbau zu Nutze kommender Preisaufschlag für Getreide müsse dahin zurückwirken, daß auch der Landmann wieder alles theurer zu bezahlen habe, so daß schließlich niemand etwas gebessert sei. Theilweise möchte die Richtigkeit dieser Vorstellung wohl einzuräumen sein in Zeiten gewerblicher Hochfluth. In gewöhnlichen Zeiten, noch mehr aber in Zeiten der Ebbe wirkt es nur dahin, das stockende Leben überhaupt in Fluß zu bringen, müßige Hände und todte Kapitale zu beschäftigen.

Würde man in der Lage sein, über eine vollständige, brauchbare, nicht blos alle Gegenstände sondern auch die Verkaufs- und Einkaufswerthe umfassende Handelsstatistik zu verfügen, so dürfte es wohl gelingen, mit wissenschaftlicher Sicherheit nachzuweisen daß es vermuthlich nur wenige Gegenstände giebt, die grundsätzlich mit Schutzzöllen zu belegen nach Umständen volkswirthschaftlich richtig sein mag. Gewiß sind aber die Landbauprodukte unter den wenigen die ersten, und wohl können Zeiten eintreten, wo Kornzölle, aber dann hohe Kornzölle zeitig genug eingeführt, das einzige Mittel sein würden, den Bankerott einer Nation und die Revolution abzuwenden. Dieser Fall muß dann eintreten, wenn eine Nation an der Grenze der Uebervölkerung steht, und diese Grenze wird dort zu erblicken sein, wo dieselbe für größere Geldsummen Getreide vom Auslande fortgesetzt kaufen muß, als der übrige Erwerbsfleiß wieder zurück zu erringen vermag. Fällt erst das tägliche Brod in der Handelsbilanz auf die minus-seite, so ist es nicht wie mit allen anderen Artikeln, daß es sich um einzelne Millionen handeln kann, sondern bald laufen Summen auf, welche man nach den geläufigen Bruchtheilen der Milliarde rechnet. Die Wahrheit ist freilich bitter für alle Menschen, aber wenn die großen Lehrer der Volkswirthschaft, die aus objektiveren Verhältnissen auf die Sache blickten wie unsere Zeit, Recht haben, so kann sie deshalb nicht aus der Welt geschafft werden.

Wir mögen zur Zeit noch weniger oder mehr entfernt von dieser Grenze sein, so scheint es sich doch bereits zu verlohnen, nebenbei auch einmal nach dieser Seite hin zu blicken; denn wäre es wahr und zutreffend, daß wir bereits jährlich 27 Millionen Centner Getreide im Gesammtwerth von mehr als $\frac{1}{4}$ Milliarde einführen müßten, während wir vor zehn Jahren noch exportirten, so müßte freilich, damit das werbende Leben das alte Gleichgewicht nicht verlöre, die Industrie während der zehn Jahre in einer unerhörten Weise sich gehoben haben. Oder andernfalles, wenn nämlich ein so gewaltiger Aufschwung nicht zu konstatiren wäre, dürfte man sich nicht mehr wundern, wenn alle Welt unzufrieden ist. Denn diese $\frac{1}{4}$ Milliarde oder ein größerer Theil davon fehlte uns zweifellos, würde in aller bitteren Wirklichkeit „aufzubringen" sein, alle Jahre aufzubringen sein, um nie wiederzukehren.

Doch auch hier könnte noch ein Trost werden, und den vermöchte Niemand anders zu bieten als der deutsche Bauer. Kein der landwirthschaftlichen Zustände im deutschen Reiche Kundiger, der zugleich auch die modernen Hilfsmittel eines rationellen Wirthschaftsbetriebes und die Macht des besseren Wissens aus praktischer Anschauung kennen gelernt hat, kann einen Augenblick im Zweifel darüber sein, daß jene 27 Millionen Ctr. Getreide, ohne neue Urbarmachungen, ohne Verminderung der Flächen, welche anderen Kulturen dienen, dem deutschen Boden mehr abzuringen, nicht nur gut möglich wäre, sondern daß dieser Mehrgewinn das Vermögen der Produktionssteigerung nur zu einem Bruchtheile erschöpfen würde.

Natürlich, so ganz ohne ein Zugeständniß von der anderen Seite würde diese Aussicht illusorisch sein. Zum modernen rationellen Wirthschaftsbetrieb gehört Betriebskapital: statt dessen hat unser deutscher Bauer recht viele Hypotheken- und andere Schulden; es gehören Kenntnisse, viele und gute Kenntnisse, und selbst für einen kleinen Wirthschaftsbetrieb ein schon gebildeteres Denkvermögen dazu: doch ist zur Zeit nur ein überaus kleiner Bruchtheil unserer Kleinbesitzer in der Lage — von den Alten gar nicht zu reden — ihre Söhne auf bessere oder gar auf geeignete Fach= schulen schicken zu können, weil sich das hier ungleich kostspieliger macht, wie dem Städtebewohner; es gehört aber endlich und vor allen Dingen dazu, daß nicht nur ein größerer Stock von Betriebs= kapital in Umlauf gesetzt wird, sondern daß auch der Umlaufskreis nicht ein großes Loch hat, durch welches das aufgewendete Kapital hinausschießt ohne wiederzukehren: der Preis der Erzeugnisse muß nämlich — wie überall — den Herstellungskosten entsprechen und den Mann befähigen, die dringendsten Lasten des Lebens zu be= streiten, die heute nicht mehr bloß in Brod und geräuchertem Speck und Milch bestehen. Statt dessen aber tragen wir, dem Bauern das etwas bessere Wohnhaus, welches er sich an Stelle seiner früheren ärmlichen Lehmbaracke gebaut, fast mißgönnend, wohlvergnügt unsere Milliarden — sonst hätte ja auch der Handel keine Be= schäftigung — nach dem Innern Rußlands.

Nun lieber Leser wie denkst Du jetzt? Wenn wir wirklich 27, 30, 50 Millionen Centner Getreide mehr brauchten, als heute gebaut wird, was möchte da besser sein, entweder a) den Roggen anstatt mit 8 Mark, wie heute, Deinem Bruder Bauer ohne Bitterkeit mit 10 Mark, das heißt auf das zehnpfünder Brod 20 Pfennige mehr, zu bezahlen und damit im Ganzen etwa 800 Millionen Mark einmal und Theile einer solchen Summe vielleicht auch noch im zweiten und dritten Jahre, mehr in den Gesammtumlauf zu brocken, wobei der Landmann in die Lage käme, das fehlende Getreide noch zu erzeugen und Dir außerdem so in irgend einer Form Deine 20 Pfennige resp. die 800 Millionen Mark nach Jahr und Tag wieder zurückzuerstatten, damit das Spiel immer so fort gehe; oder statt dessen b) das fehlende Ge= treide im ganzen und vollen Betrag mit etwa 200, 250, 400 Millionen Mark (je nach dem Mehrbedarf) gegen die süße Beruhigung, das Brod um 20 Pfennige billiger zu haben, an das Ausland zu bezahlen, damit das Geld nie wiederkehre, damit der Bauer zum extensiven Betrieb zurückkehren muß, immer mehr außer Stande kommt, den Getreidemarkt zu versorgen und außerdem aber auch Armeen von Arbeitern entlassen muß, die dann brodlos sind. Im ersten Falle sind alle Kanäle des Geldumlaufes, welcher das Leben bedeutet, nach zehn und nach zwanzig Jahren — weil es ja einiger Zeit bedarf, bevor sich der Umlauf in seiner ganzen Größe vollzieht, vielleicht um ein bis zwei Milliarden — voller, straffer, wohlhabender; im letzten Falle sind sie nach zehn Jahren um zwei bis vier, nach zwanzig Jahren um vier bis acht Milliarden entleert; im ersten Falle hast Du — und wir reden in diesem Augenblicke zu dem armen Manne, welcher sein täglich Brod mit seiner Hände saurem Fleiß erwerben muß — Dein zehnpfünder Brod um ideale zehn bis zwanzig Pfennige theurer alle Tage gekauft, Deine Arbeit war aber gesucht und wurde bezahlt, daß Du Dich zu sättigen vermochtest; im letzten Falle bot man es Dir um soviel billiger, allein Niemand gab Dir Verdienst, daß Du es auch kaufen konntest.

Bei Beurtheilung der ganzen gegenwärtigen Sachlage — um auch mit einem besonderen Seitenblick auf den Nothstand der Landwirthschaft zu kommen — möge man nur Eines nicht vergessen: daß man nicht irgend welche Widerlegungen dieser Nothlage vielleicht an Beispielen aus der Geschichte begründen darf. Wir stehen gegenwärtig vor einem Falle, welcher in seinen prägnanten Zügen beispiellos ist. Möge immerhin zu irgend einer Zeit der analoge Fall dagewesen sein, daß ein Ländergebiet weniger Frucht zu bauen begann, als zur Ernährung des Volkes dauernd, besonders bei geringen Ernten, ausreichte, so konnte dieser als regulärer Durchschnitt zu betrachtende Mehrverbrauch niemals unbegrenzte Dimensionen annehmen, weil die Mittel der Zufuhr von außen — ja schon zwischen einzelnen Theilen desselben Landes — äußerst begrenzte waren und bei aller Anstrengung Hungersnöthe, Epidemien und Kriege die Menschen dezimirten und die Kornpreise, die ja im übervölkerten Lande in einem umgekehrten Verhältniß zur Bevölkerungszunahme standen, diesen letzteren einigermaßen Einhalt thaten. Freilich mußten das ganz andere relativ hohe Preise sein, als was man heute so nennt.

Hungersnöthe früheren Styls sind, Dank unseren Verkehrsmitteln, heute nicht mehr denkbar, so lange ein Volk noch Geld besitzt, Brod vom Auslande zu kaufen. Eben damit wird es natürlich zusammenhängen, daß der Eintritt einer relativen Uebervölkerung jetzt auf schnelleren Bahnen schreitet, die früh oder spät eintretende Katastrophe aber, die sich vielleicht in von Periode zu Periode wiederkehrenden einzelnen Stößen langsam ankündigt, um so allgemeiner und um so erschütternder werden wird. Hoffentlich befinden wir uns noch sehr weit von solchen Erscheinungen; aber die deutsche Landwirthschaft ist durch die in der Geschichte ohne Beispiel stehende Ueberführung des Marktes in eine Lage gekommen, welche allen Ernstes die Frage der Wiedereinführung einer extensiveren Kultur bald vielfach in den Vordergrund stellen dürfte, zum Mindesten aber dem weiteren Fortschritt auf dem intensiven Weg überaus hemmend entgegen steht[1]).

Man führe nicht zum Gegenbeweis das Beispiel Englands an, welches zur Zeit über hundert Millionen Centner Getreide einführt und vermöge der Verkehrslage vielleicht noch mehr überfluthet scheint. Dort begründet der natürliche Reichthum des Landes, die maritime Lage und der Besitz der Kolonieen fast unermeßliche Quellen der Bilanzüberschüsse, so daß England zu einer Bevölkerungsdichtigkeit bei hoher Allgemeinkultur von Natur befähigt ist, wie kein Land der Erde; zu einer Dichtigkeit, welche den Landbau von der Nothwendigkeit der Getreideproduktion ziemlich entlastet, ihn auf die Gebiete der feineren, der Konkurrenz weniger unterliegenden, Erzeugnisse naturgemäß führt.

---

[1]) Kostet der Ctr. Peruguano 15 M. und der Ctr. Roggen 10 M. so darf der Landwirth seinen Ctr. Guano auf den pr. Morgen streuen, wenn er vermuthen kann, daß er dann statt 7 Ctr. 8½ bis gegen 9 Ctr. Roggen erntet. Kostet aber der Guano 15 M. und der Roggen nur 7 M., so müßte der zu erzielende Mehrertrag schon die in den allermeisten Fällen höchst fragliche Höhe von 2½ Ctr. betragen, um den Preis des Guanos zu decken und auch nur eine ganz kleine Prämie für die Gefahr des „Nichtanschlagens," welche der Landwirth immer übernimmt, zu gewähren: Aehnlich verhält es sich mit andern Hilfsmitteln der landwirthschaftlichen Technik.

Nach alle Dem lieber Bürger und Freund solltest Du, wenn heute von einer Nothlage der deutschen Landwirthschaft die Rede ist, nicht erhaben ungläubig von oben herab lächeln, sondern solltest Dir einmal das Herz nehmen, mit ernstem Denken der Sache prüfend näher zu treten, und solltest auf Mittel sinnen helfen, den einheimischen Bauer zu einer Bodenkultur zu befähigen, die ihm gestattet, nicht etwa jene angeblichen 27, sondern für spätere Zeit das Vielfältige davon mehr zu erzeugen, als er heute dem Boden abgewinnt.